C000137260

PLATEAU ET PIERRES

GUNNAR DICKFELD

A NOIR DE JOUER
LE LIVRE D'EXERCICES DE GO

15 KYU – 10 KYU

PLATEAU ET PIERRES

La Deutsche Nationalbibliothek a répertorié cette publication dans la Deutsche Nationalbibliografie; les données bibliographiques détaillées peuvent être consultées sur Internet à l'adresse http://dnb.dnb.de .

ISBN 978-3-940563-61-3

© 2017, Plateau et Pierres, Gunnar Dickfeld, Frankfurt a.M.
Plateau et Pierres is a trademark of Brett und Stein Verlag

www.plateauetpierres.fr

Couverture de livre: HAMMERGEIGEROT
Pression: Books on Demand GmbH, Norderstedt
Traduction: Catherine Fricheteau

Les schémas de ce livre ont été créés avec
SmartGo™: http://www.smartgo.com

Printed in Germany

Avant-propos

Le go est un jeu de stratégie asiatique qui fascine et enthousiasme les hommes depuis déjà quatre mille ans. On le considère comme un très bon outil pour le développement de la pensée créative.

Ce livre d'exercices s'adresse aux joueurs qui désirent se plonger intensément dans le jeu de go. Les problèmes se limitent aux thématiques les plus importantes des notions de base du jeu : l'ouverture, les courses aux libertés, la vie et la mort des groupes, les tesuji, les invasions et la fin de partie. Ces exercices vous permettront d'affuter votre compréhension des positions locales et ainsi d'améliorer votre jeu.

La difficulté des problèmes va, pour chaque section, de facile à corsée. Ne vous laissez pas abattre si l'un ou l'autre problème vous semble impossible à résoudre ou si vous n'arrivez pas à le résoudre directement : c'est voulu. Un même exercice peut sembler évident pour l'un et plus compliqué pour l'autre. Chaque joueur de go se développe différemment. Si vous n'arrivez réellement pas à comprendre un exercice, sautez-le et gardez-le en tête pour le laisser « mûrir. » Prenez ensuite le temps de passer le livre une deuxième fois en revue pour répéter et approfondir les problèmes que vous aurez résolu et pour faire une nouvelle tentative sur ceux qui vous auront résisté.

A quelques exceptions près, chaque diagramme contient deux exercices, l'un en haut et l'autre en bas du plateau. Ils sont toujours indépendants l'un de l'autre.

En avançant dans le livre, vous constaterez que vous améliorerez votre compréhension du jeu en vous amusant et serez bientôt en mesure d'étonner vos amis et vos adversaires avec de nouveaux coups !

Gunnar Dickfeld

Table des matières

Ouverture

L'essentiel dans l'ouverture est de choisir les gros points sur le plateau. Trouvez quel est le point le plus gros et le plus important. Choisissez prudemment.

A Noir de jouer : quel point occupez-vous ?

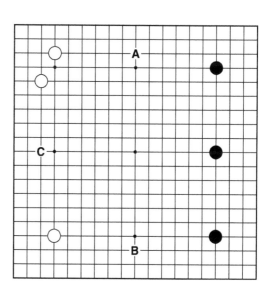

À Noir de jouer.

Quel point est le plus gros : A ou B ?

2

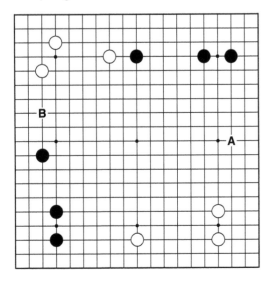

À Noir de jouer.

Quel coup est le meilleur : A ou B ?

3

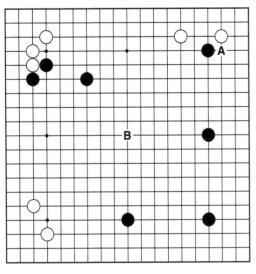

À Noir de jouer.

Voici l'ouverture dite chinoise. Comment répondez-vous à
Blanc 1 ?

4

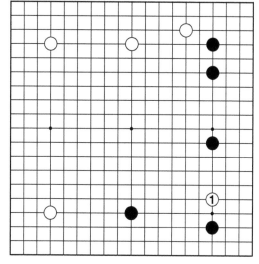

À Noir de jouer.

Comment poursuivre la partie ? Quel est le meilleur coup ?

5

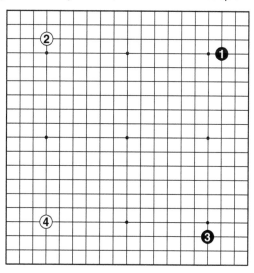

À Noir de jouer.

Comment poursuivre la séquence après Blanc 6 ?

6

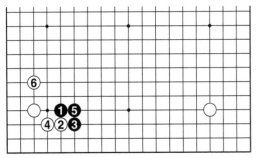

À Noir de jouer.

Que jouez-vous après Blanc 7 ?

7

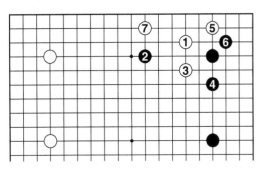

À Noir de jouer.

Comment poursuivez-vous ce joseki dans l'ouverture chinoise ?

8

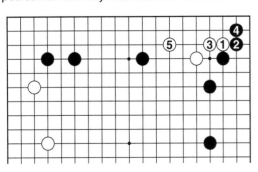

À Noir de jouer.

Comment répondre à Blanc 8 ?

9

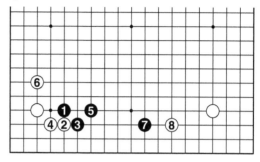

À Noir de jouer.

Blanc s'établit avec 1 et 3 ? Que jouez-vous ensuite ?

10

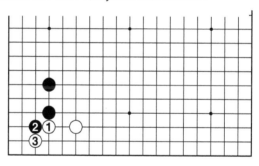

À Noir de jouer.

Comment poursuivre la séquence après Blanc 1 ?

11

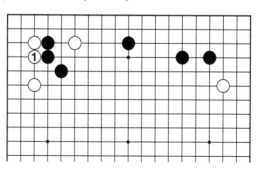

À Noir de jouer.

De quel côté bloquez-vous quand Blanc joue 1 ?

12

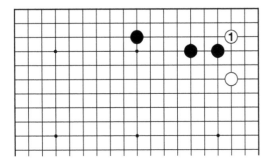

À Noir de jouer.

De quel côté bloquez-vous quand Blanc joue 1 ?

13

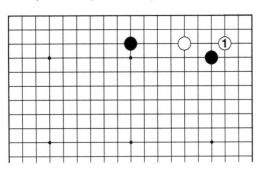

À Noir de jouer.

De quel côté bloquez-vous quand Blanc joue 1 ?

14

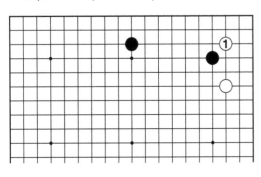

À Noir de jouer.

Blanc envahit votre coin. Bloquez-vous à A ou B ?

15

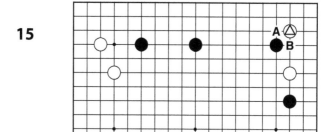

À Noir de jouer.

Après la double approche blanche, vaut-il mieux jouer A ou B ?

16

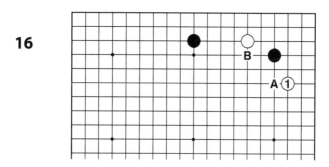

À Noir de jouer.

Comment poursuivre la séquence après Blanc 1 ?

17

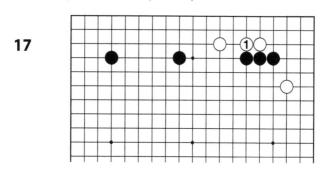

À Noir de jouer.

Comment poursuivre le joseki après Blanc 1 ? Avec A, B ou C ?

18

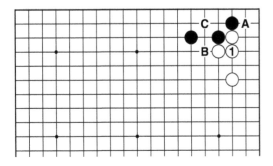

À Noir de jouer.

Vaut-il mieux jouer A, B ou C quand Blanc protège en 1 ?

19

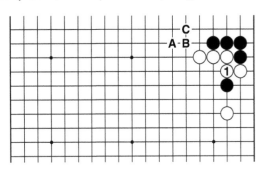

À Noir de jouer.

Comment répondre quand la pierre blanche marquée a été jouée ?

20

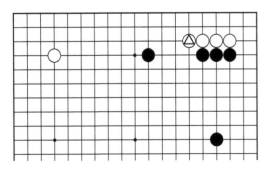

À Noir de jouer.

Jusqu'où votre extension peut-elle aller : A, B ou C ?

21

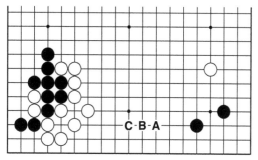

À Noir de jouer.

De quel côté voulez-vous jouer ici ?

22

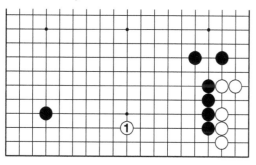

À Noir de jouer.

Comment devez-vous protéger votre position sur le bas du plateau ?

23

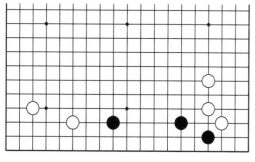

À Noir de jouer.

Quel coup est le plus important ici : A ou B ?

24

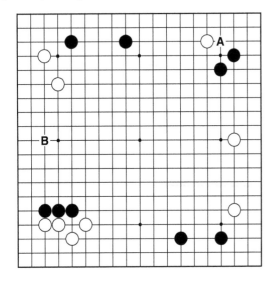

À Noir de jouer.

Quel coup est le plus important ici : A ou B ?

25

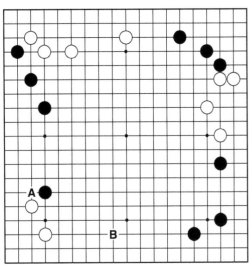

À Noir de jouer.

Quel est le coup approprié : A ou B ?

26

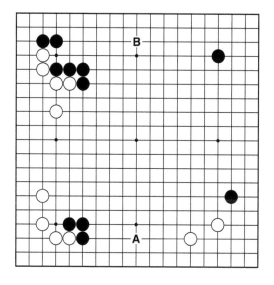

À Noir de jouer.

Quel coup est le plus gros ici : A ou B ?

27

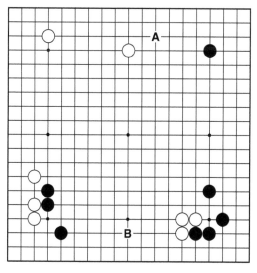

À Noir de jouer.

Quel coup est le plus gros ici : A ou B ?

28

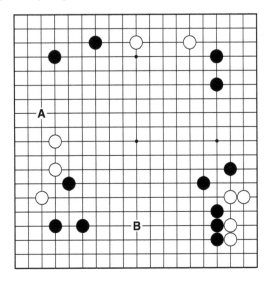

À Noir de jouer.

Quel coup est le plus gros ici : A ou B ?

29

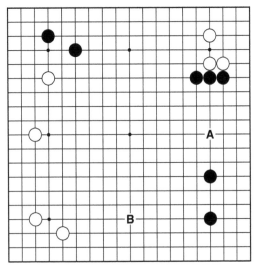

À Noir de jouer.

Quel est le coup approprié : A ou B ?

30

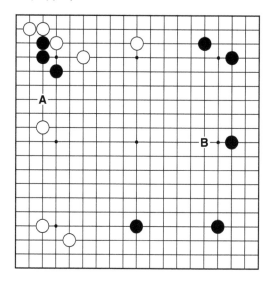

À Noir de jouer.

Quel coup est le plus gros ici : A, B ou C ?

31

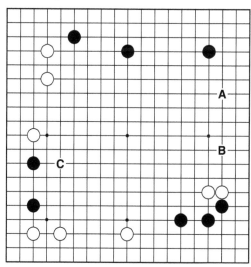

À Noir de jouer.

Quel est le coup le plus important ici : A, B, C ou D ?

32

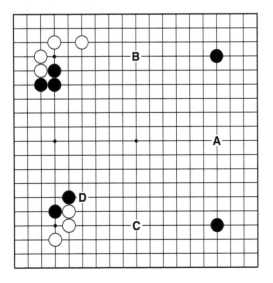

À Noir de jouer.

Quel coup est le plus gros ici : A ou B ?

33

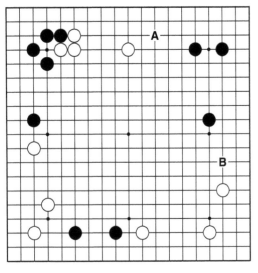

À Noir de jouer.

Quel est le coup approprié : A ou B ?

34

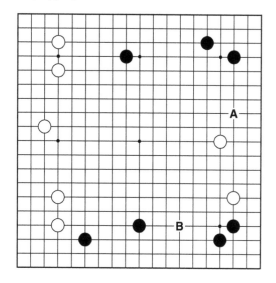

À Noir de jouer.

Quel coup est le plus gros ici : A ou B ?

35

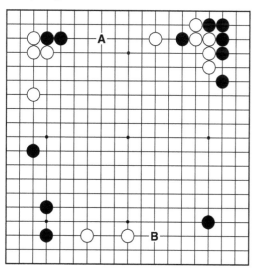

À Noir de jouer.

Quel coup est le plus gros ici : A ou B ?

36

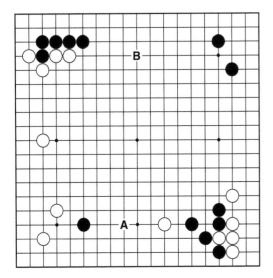

À Noir de jouer.

Quel est le coup approprié : A ou B ?

37

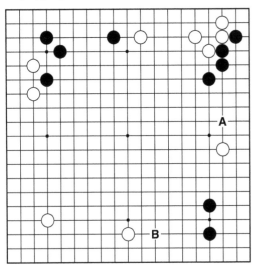

À Noir de jouer.

Quel est le coup approprié : A ou B ?

38

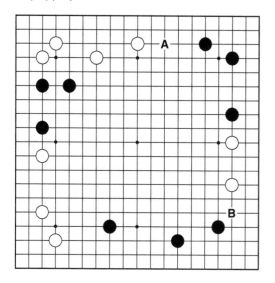

À Noir de jouer.

Quel coup est le plus gros ici : A ou B ?

39

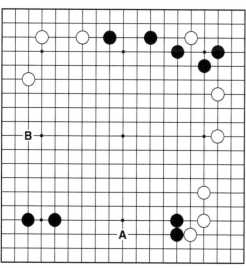

À Noir de jouer.

Quel coup est le plus gros ici : A ou B ?

40

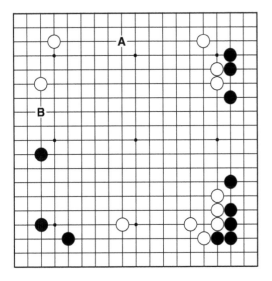

À Noir de jouer.

Quel coup est le plus gros ici : A ou B ?

41

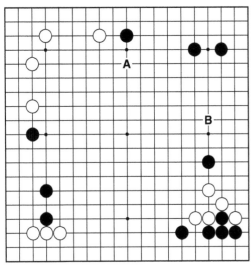

À Noir de jouer.

Quel est le coup approprié : A ou B ?

42

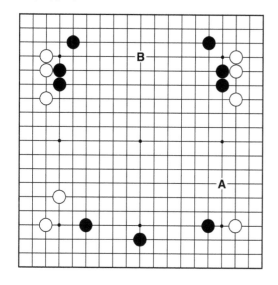

À Noir de jouer.

Quel coup est le plus gros ici : A ou B ?

43

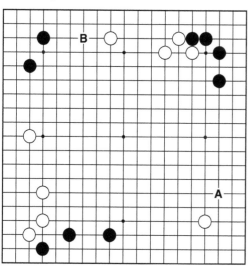

À Noir de jouer.

Quel est le coup approprié : A ou B ?

44

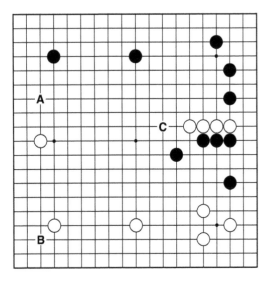

À Noir de jouer.

Quel coup est le plus gros ici : A ou B ?

45

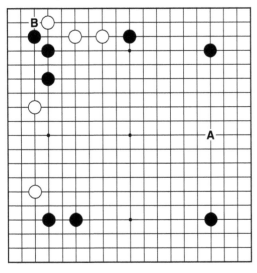

Courses aux libertés

Il est important de compter ses libertés lors d'un semeai (aussi appelé course aux libertés) ; pas seulement les libertés visibles, mais également celles qui ne se montrent pas au premier abord.

A Noir de jouer : Comptez les libertés ! Pouvez-vous gagner ce semeai ?

46

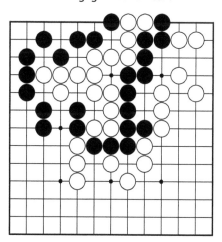

À Noir de jouer.

47. & 48. Pouvez-vous capturer les pierres blanches ? Quel est le statut de vos pierres ?

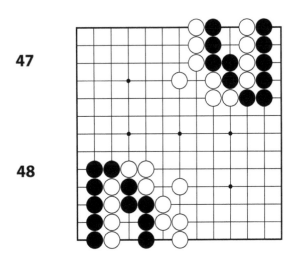

À Noir de jouer.

49. Quel est le statut de cette position ?

50. Comptez les libertés ! Quel est le statut de cette position ?

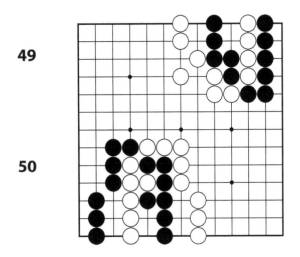

À Noir de jouer.

51. Comptez les libertés ! Pouvez-vous capturer les pierres blanches ?

52. Quel est le statut de la position ?

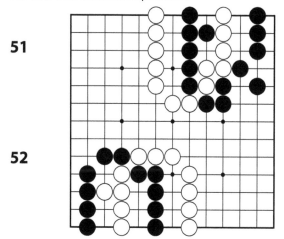

À Noir de jouer.

53. Comptez les libertés ! Pouvez-vous capturer les pierres blanches ?

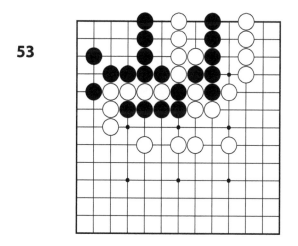

À Noir de jouer.

54. Comptez les libertés. Etes-vous en mesure de remporter cette course aux libertés ?

54

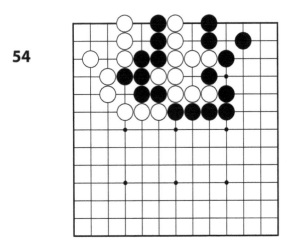

À Noir de jouer.

55. Comptez les libertés. Etes-vous en mesure de remporter cette course aux libertés ? Quel est le statut de la position ?

55

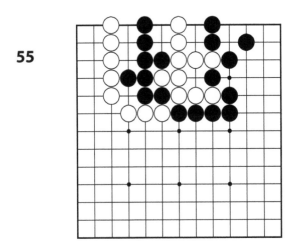

À Noir de jouer.

56. Vous avez plus que deux libertés intérieures communes avec votre adversaire. Comptez les libertés des groupes. Pouvez-vous gagner ce semeai ?

56

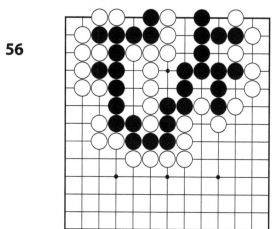

À Noir de jouer.

57. Les groupes ont des libertés intérieures communes ici. Comptez les libertés. Etes-vous en mesure de remporter ce semeai ?

57

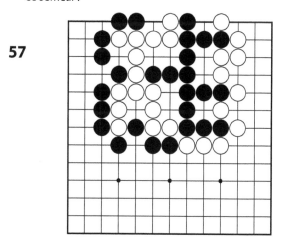

À Noir de jouer.

58. Blanc a un œil. Comptez les libertés. Pouvez-vous gagner ce semeai ?

59. Quel est le statut de cette position ?

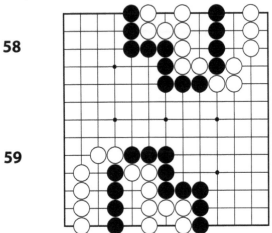

À Noir de jouer.

60. Comptez les libertés. Remportez-vous cette course ?

61. De combien de coups avez-vous besoin pour remplir l'œil blanc ?

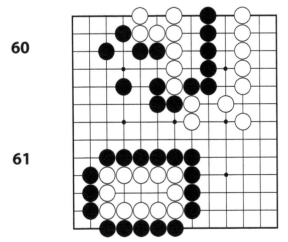

À Noir de jouer.

62. Combien de coups faut-il pour remplir cet œil ?

63. Blanc est mort, mais combien de coups vous faut-il pour retirer ces pierres du plateau ?

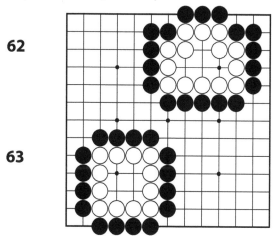

À Noir de jouer.

64. Blanc est mort, mais combien de coups vous faut-il pour retirer ces pierres du plateau ?

65. De combien de coups avez-vous besoin pour remplir cet œil ?

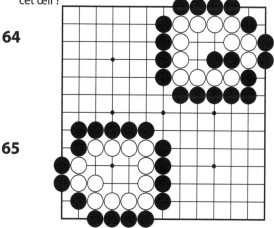

À Noir de jouer.

66. Combien de coups faut-il pour remplir cet œil et capturer les pierres blanches ?

67. Combien de coups vous faut-il pour retirer les pierres blanches du plateau ?

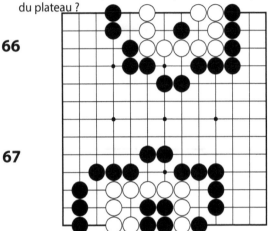

À Noir de jouer.

68. Blanc a des faiblesses. Combien de coups vous faut-il ici pour retirer ses pierres du plateau ?

69. Combien de coups vous faut-il pour retirer les pierres blanches du plateau ?

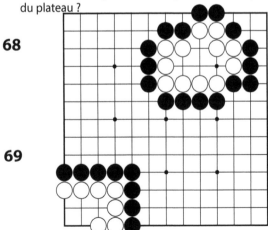

À Noir de jouer.

70. Etes-vous en mesure de remporter cette course aux libertés ?

71. Quel est le statut de cette position ? Pouvez-vous gagner le semeai ?

70

71

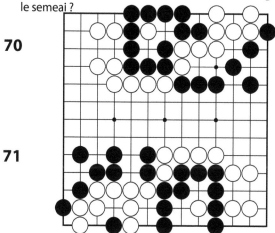

À Noir de jouer.

72. Comment remporter cette course aux libertés ?

73. Quel est le statut de cette position ? Pouvez-vous gagner le semeai ?

72

73

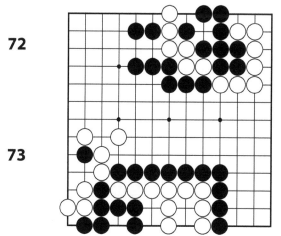

À Noir de jouer.

74. Comment remporter cette course aux libertés ?
75. Comment remporter cette course aux libertés ?

74

75

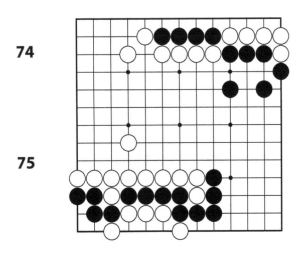

À Noir de jouer.

76. Comment remporter cette course aux libertés ?
77. Comment remporter cette course aux libertés ?

76

77

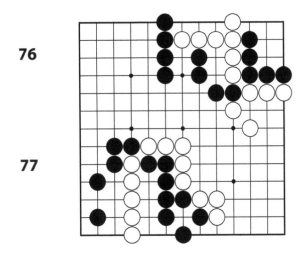

Vie et mort

Au go, on en vient souvent à se battre pour la vie et la mort de groupes. Il est donc important de travailler les techniques appropriées.

A Noir de jouer : Comment ôter la vie des pierres blanches ?

78

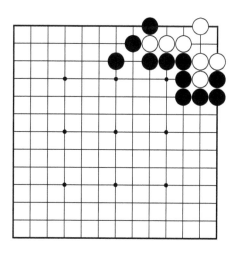

À Noir de jouer.

79. Tuez la position blanche.

80. Comment devez-vous jouer pour empêcher Blanc de faire deux yeux ?

79

80

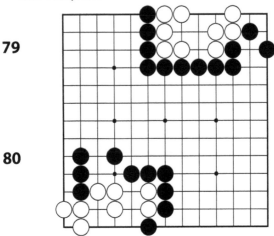

À Noir de jouer.

81. Empêchez la formation d'yeux blancs !

82. Comment devez-vous jouer pour empêcher Blanc de faire deux yeux ?

81

82

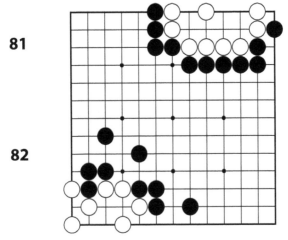

À Noir de jouer.

83. Tuez la position blanche.

84. Comment empêcher Blanc de faire deux yeux dans le coin ?

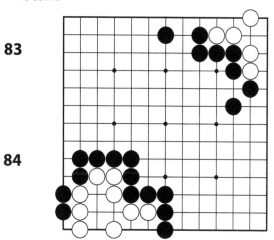

À Noir de jouer.

85. Tuez la position blanche.

86. Comment tuer le groupe blanc et sauver vos quatre pierres ?

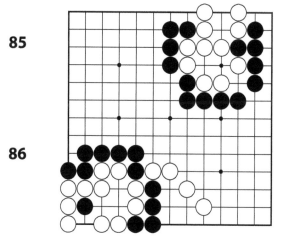

À Noir de jouer ...

87. ... et de vivre dans le coin !

88. ... et de faire deux yeux dans le coin.

87

88

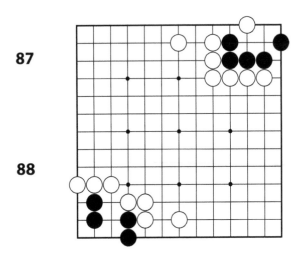

À Noir de jouer ...

89. ... et de vivre dans le coin !

90. ... et de faire deux yeux dans le coin.

89

90

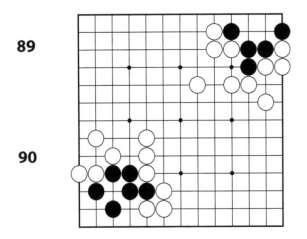

À Noir de jouer.

91. Comment pouvez-vous vivre dans le coin ?
92. De quelle manière les pierres marquées peuvent-elles vivre dans le coin ?

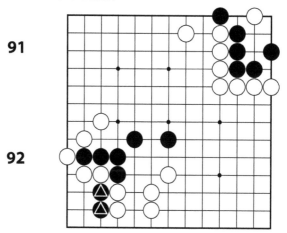

À Noir de jouer.

93. Comment pouvez-vous vivre dans le coin ?
94. De quelle manière vivez-vous dans le coin ?

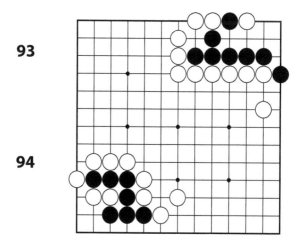

À Noir de jouer.

95. Tuez la position blanche !

96. Trouvez le coup qui vous assurera une vie dans le coin.

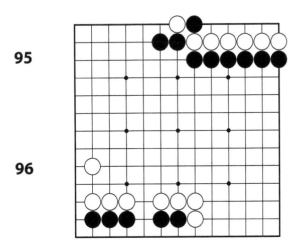

À Noir de jouer.

97. Empêchez Blanc de faire deux yeux !

98. Trouvez le coup qui vous assurera une vie dans le coin.

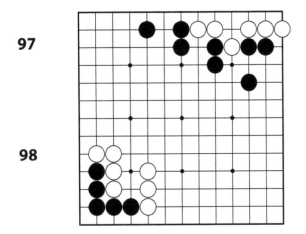

À Noir de jouer.

99. Assurez la vie du groupe noir.

100. Comment vivre dans le coin ?

99

100

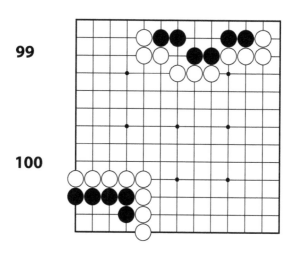

À Noir de jouer.

101. Tuez la position blanche.

102. Comment pouvez-vous vivre dans le coin ?

101

102

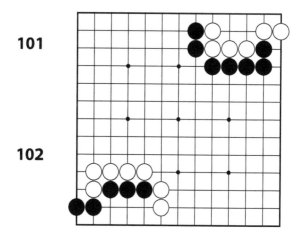

À Noir de jouer.

103. Tuez la position blanche.

104. Empêchez Blanc de faire des yeux dans le coin.

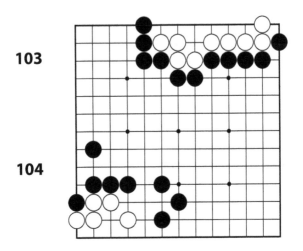

À Noir de jouer ...

105. ... et de tuer la position blanche !

106. ... et d'empêcher la formation de deux yeux !

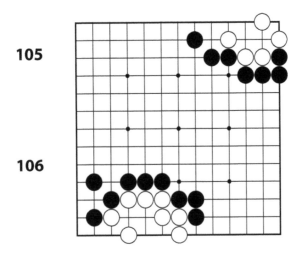

À Noir de jouer.

107. Tuez la position blanche.

108. Comment empêcher Blanc de faire des yeux ?

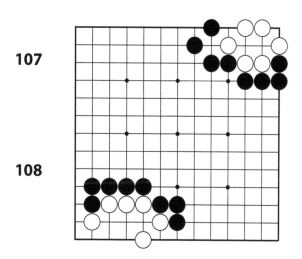

À Noir de jouer ...

109. ... et de tuer la position blanche !

110. ... et d'empêcher la formation de deux yeux !

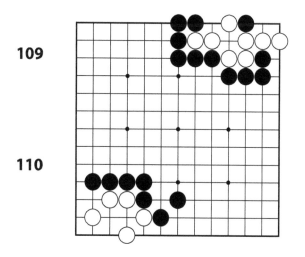

À Noir de jouer.

111. Tuez la position blanche.

112. Comment tuer le groupe blanc et sauver les six pierres noires séparées ?

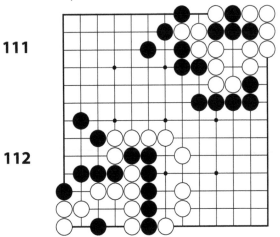

À Noir de jouer.

113. Tuez la position blanche.

114. Empêchez Blanc de faire des yeux !

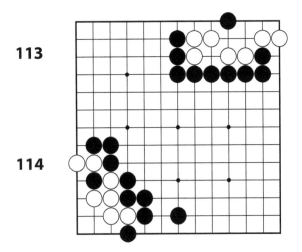

À Noir de jouer.

115. Tuez la position blanche.

116. Empêchez Blanc de faire des yeux !

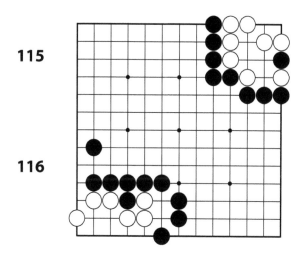

À Noir de jouer ...

117. ... et de tuer la position blanche !

118. ... et d'empêcher la formation de deux yeux !

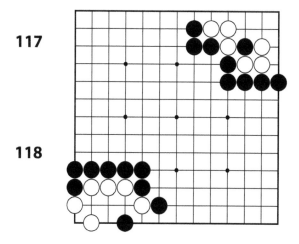

À Noir de jouer.

119. Comment pouvez-vous vivre dans le coin ?

120. Comment Noir peut-il vivre ?

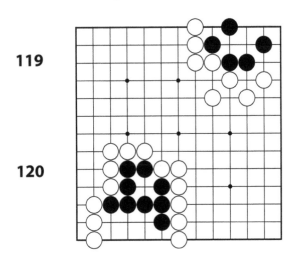

À Noir de jouer ...

121. ... et d'assurer sa vie dans le coin.

122. ... et d'assurer sa vie !

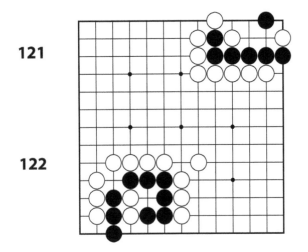

À Noir de jouer ...

123. ... et de s'assurer deux yeux !

124. ... et de défendre sa position.

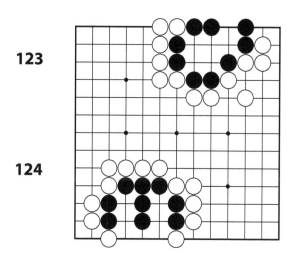

À Noir de jouer ...

125. ... et de s'assurer deux yeux !

126. ... et d'assurer deux yeux dans le coin.

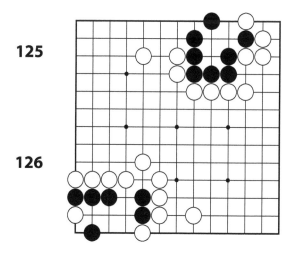

À Noir de jouer.

127. Tuez la position blanche.

128. Empêchez Blanc de faire deux yeux.

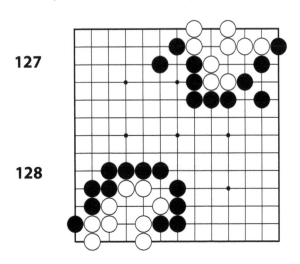

À Noir de jouer ...

129. ... et de tuer la position blanche.

130. ... et d'empêcher la formation de deux yeux.

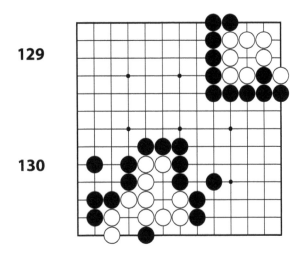

À Noir de jouer.

131. Tuez la position blanche.

132. Comment empêcher Blanc de faire deux yeux ?

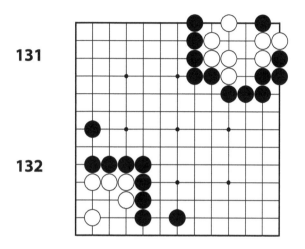

À Noir de jouer ...

133. ... et de tuer la position blanche !

134. ... et d'empêcher la formation de deux yeux.

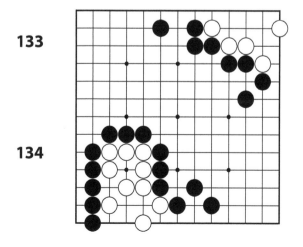

À Noir de jouer.

135. Comment pouvez-vous vivre ici ?

136. Où est le point vital de cette position ?

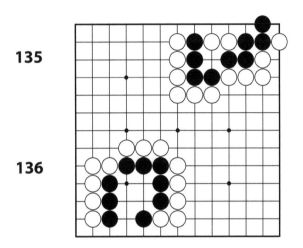

À Noir de jouer ...

137. ... et de s'assurer de vivre.

138. ... et d'assurer deux yeux dans le coin.

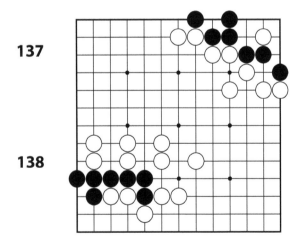

Tesuji

On a besoin de tesuji partout dans le jeu, que ce soit pour vivre, pour capturer un groupe adverse, pour relier des pierres ou pour de nombreuses autres raisons. Tous ces coups ont en commun de trouver un point de forme précis dans une position.

A Noir de jouer : Comment sauver les deux pierres marquées ?

139

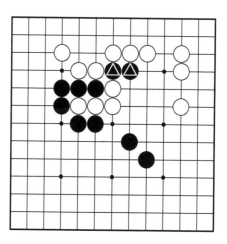

À Noir de jouer.

140. Comment pouvez-vous relier vos pierres ?

141. Comment sauver vos deux pierres ?

140

141

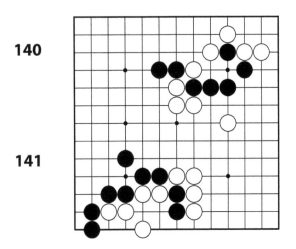

À Noir de jouer.

142. Noir peut connecter ses pierres s'il en sacrifie une !

143. Comment Noir s'assure-t-il une solide connexion ?

142

143

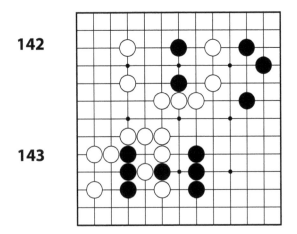

À Noir de jouer ...

144. ... et d'exploiter les faiblesses de Blanc pour capturer des pierres.

145. ... et de capturer des pierres.

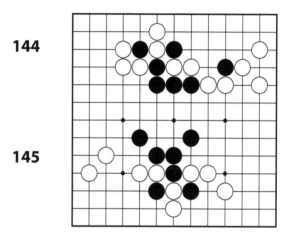

À Noir de jouer ...

146. ... et de connecter ses pierres !

147. ... et de capturer la pierre de coupe blanche !

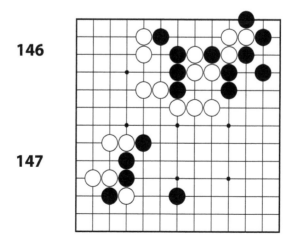

À Noir de jouer.

148. Comment connecter vos pierres ?

149. Comment Noir peut-il sauver ses trois pierres ?

148

149

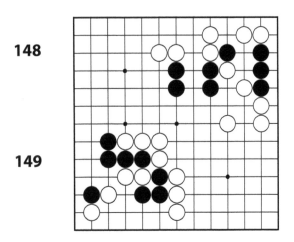

À Noir de jouer.

150. Comment pouvez-vous sauver vos pierres ?

151. Comment Noir peut-il connecter ses pierres ?

150

151

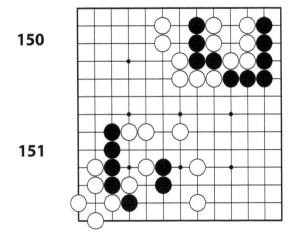

À Noir de jouer ...

152. ... et de capturer les pierres blanches !

153. ... et de connecter toutes ses pierres.

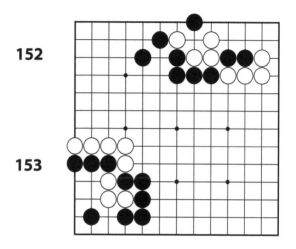

152

153

À Noir de jouer ...

154. ... et de relier ses deux pierres à son groupe !

155. ... et de rattacher ses pierres !

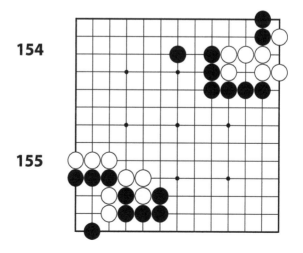

154

155

À Noir de jouer.

156. Comment Noir peut-il capturer les pierres de coupe blanches ?

157. Comment Noir peut-il connecter toutes ses pierres ?

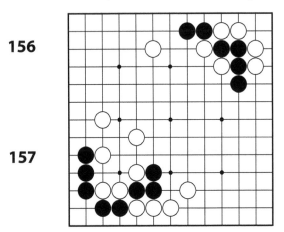

À Noir de jouer ...

158. ... et de capturer les pierres de coupe blanches !

159. ... et de capturer les pierres blanches marquées !

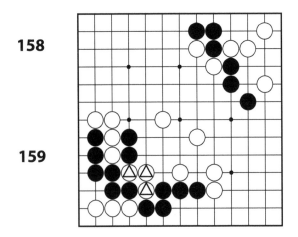

À Noir de jouer.

160. Blanc sort avec 1. Comment pouvez-vous capturer ces pierres ?

161. Comment Noir peut-il libérer ses quatre pierres ?

160

161

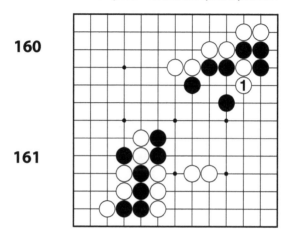

À Noir de jouer.

162. Comment Noir peut-il connecter ses pierres dans le coin ?

163. Comment Noir peut-il sauver ses pierres dans le coin ?

162

163

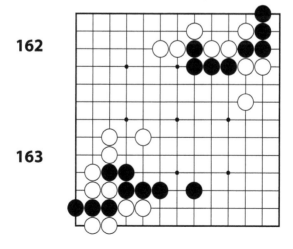

À Noir de jouer ...

164. ... et de connecter ses deux pierres !

165. ... et de libérer ses quatre pierres.

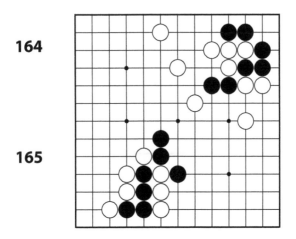

À Noir de jouer ...

166. ... et de connecter ses quatre pierres !

167. ... et de remporter la course aux libertés !

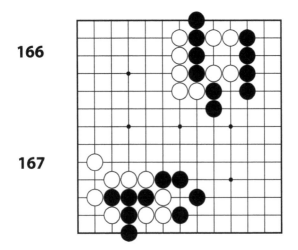

À Noir de jouer.

168. Comment capturer les deux pierres de coupe ?

169. Comment capturer les trois pierres de coupe ?

168

169

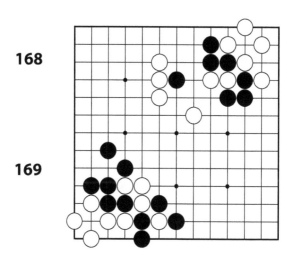

À Noir de jouer ...

170. ... et de sauver ses deux pierres !

171. ... et de répondre correctement à Blanc 1 !

170

171

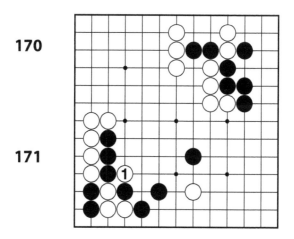

À Noir de jouer.

172. Comment pouvez-vous capturer les pierres de coupe blanches ?

173. Comment déconnecter les trois pierres blanches ?

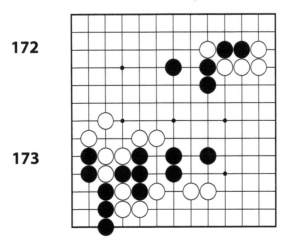

À Noir de jouer ...

174. ... et de connecter toutes ses pierres sur le bord droit !

175. ... et de connecter toutes ses pierres du bas !

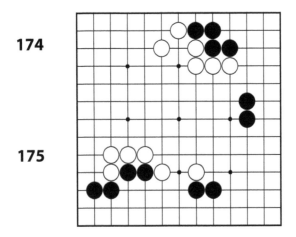

À Noir de jouer.

176. Comment capturer des pierres blanches et connecter les groupes noirs ?

177. Comment pouvez-vous capturer des pierres blanches ici ?

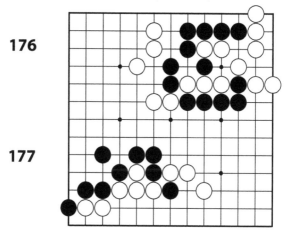

176

177

À Noir de jouer ...

178. ... et de sauver quatre pierres !

179. ... et de capturer trois pierres blanches !

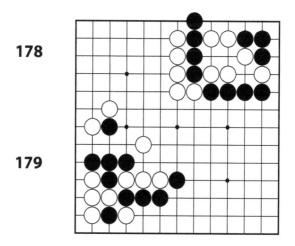

178

179

À Noir de jouer.

180. Comment Noir peut-il connecter ses pierres ?

181. Comment Noir capture-t-il les pierres blanches dans le coin ?

180

181

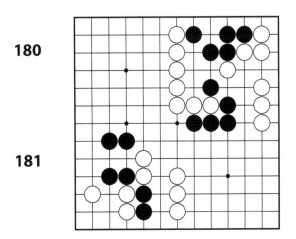

À Noir de jouer ...

182. ... et de capturer les pierres blanches dans le coin !

183. ... et de libérer ses pierres dans le bas du plateau !

182

183

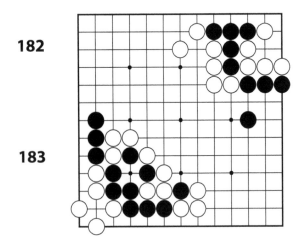

Invasion et attaque

Les aléas des combats marquent le milieu de partie. Nous allons donc observer des attaques et des invasions typiques !

A Noir de jouer : Comment devez-vous attaquer les pierres blanches ?

184

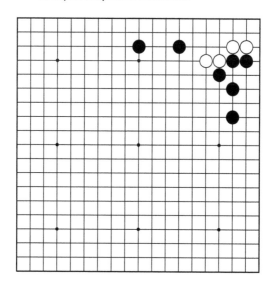

À Noir de jouer.

Quand Blanc envahit au point 3-3, il est important de se demander de quel côté Noir doit bloquer. Comment répondez-vous ici ?

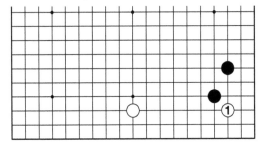

À Noir de jouer.

Comment répondez-vous à l'invasion de Blanc 1 dans le coin ?

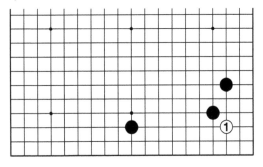

À Noir de jouer.

Comment répondez-vous à l'invasion de Blanc 1 dans le coin ?

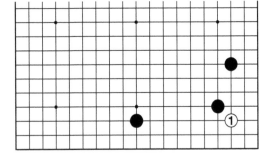

À Noir de jouer.

Où se situe le point d'invasion idéal ?

188

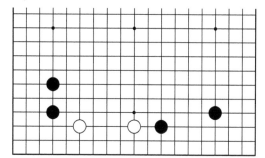

À Noir de jouer.

Quel est le point d'invasion idéal ?

189

À Noir de jouer.

Où le point d'invasion idéal se situe-t-il ?

190

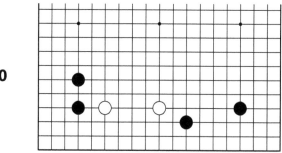

À Noir de jouer.

Comment répondre à Blanc 1 ?

191

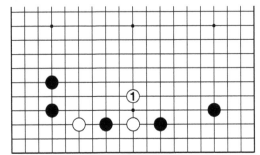

À Noir de jouer.

Comment réagir à Blanc 1 ?

192

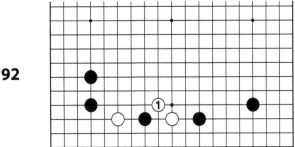

À Noir de jouer.

Comment répondre à Blanc 1 ?

193

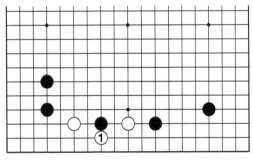

À Noir de jouer.

Blanc n'a pas répondu en A quand Noir s'est approché.
Où devez-vous l'envahir ?

194

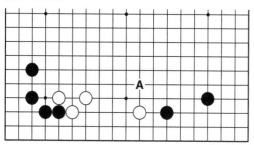

À Noir de jouer.

Où le point d'invasion se situe-t-il ?

195

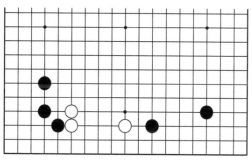

À Noir de jouer.

La position blanche est impressionnante, mais ne constitue
pas encore un territoire. Comment pouvez-vous l'envahir ?

196

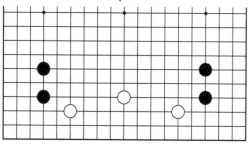

À Noir de jouer.

Comment devez-vous répondre si Blanc s'attache avec 1 ?

197

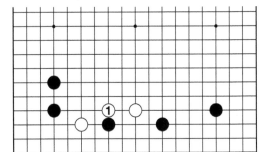

À Noir de jouer.

Comment devez-vous répondre si Blanc s'attache à votre pierre par le bas avec 1 ?

198

À Noir de jouer.

Comment devez-vous répondre si Blanc s'attache à votre pierre par le bas avec 1 ?

199

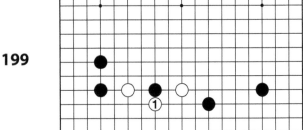

À Noir de jouer.

Blanc protège sa position avec 1. Comment devez-vous poursuivre la séquence ?

200

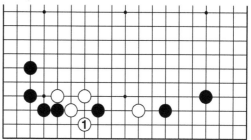

À Noir de jouer.

Blanc contre votre invasion avec 1. Comment devez-vous poursuivre ?

201

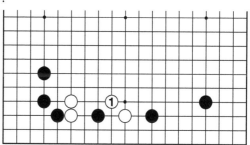

À Noir de jouer.

Comment devez-vous réagir à Blanc 1 ?

202

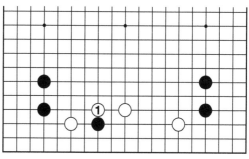

À Noir de jouer.

Comment devez-vous réagir à l'invasion blanche en 1 ?

203

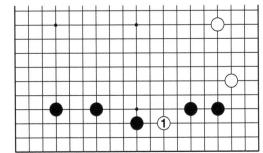

À Noir de jouer.

Devez-vous réagir à Blanc 1 avec A, B ou C ?

204

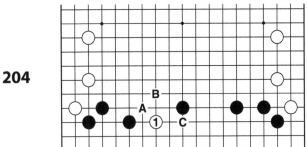

À Noir de jouer.

Devez-vous réagir à Blanc 1 avec A, B ou C ?

205

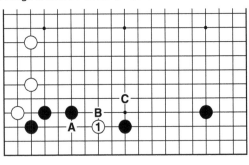

À Noir de jouer.

Comment répondre à l'invasion blanche en 1 ?

206

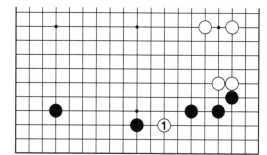

À Noir de jouer.

Comment répondre à l'invasion blanche en 1 ?

207

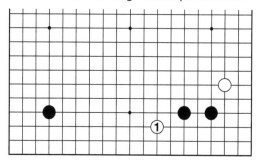

À Noir de jouer.

De quelle manière devriez-vous réagir à l'attaque de Blanc 1 ?

208

À Noir de jouer.

Noir 1 est une invasion standard. De quelle manière devez-vous réagir à Blanc 2 ?

209

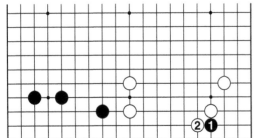

À Noir de jouer.

Blanc répond ici de l'intérieur. Comment devez-vous poursuivre la séquence ?

210

À Noir de jouer.

Dans ce cas-ci, Blanc s'étire dans le coin. Comment poursuivre ?

211

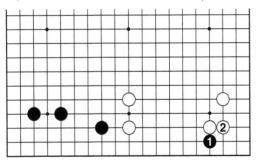

À Noir de jouer.

Blanc s'étire maintenant vers l'extérieur. Comment devez-vous poursuivre la séquence ?

212

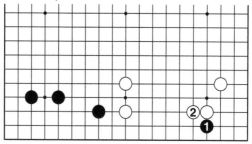

À Noir de jouer.

Comment répondre à Blanc 1 dans cette situation ?

213

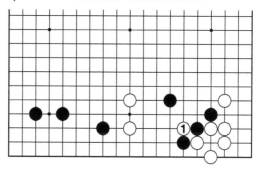

À Noir de jouer.

Blanc 1 est un coup de réduction typique. Quelles sont les différentes réponses qui s'offrent à vous ?

214

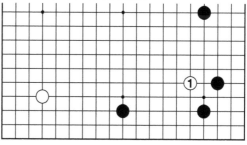

À Noir de jouer.

Que devez-vous jouer après les coups 1 à 3 ? A, B ou C ?

215

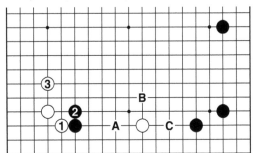

À Noir de jouer.

Comment attaquer les pierres blanches après Blanc 1 et Noir 2 ? Vaut-il mieux jouer en A, B ou C ?

216

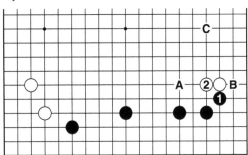

À Noir de jouer.

Comment attaquer les pierres blanches : avec A, B ou C ?

217

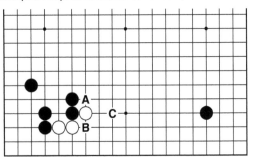

Fin de Partie

En fin de partie ou, comme on dit parfois, dans le yose, il s'agit de s'assurer les quelques point qui peuvent déterminer l'issue de la partie. Mais ces points ne viennent pas uniquement de votre territoire.

A Noir de jouer : Le coin semble être un territoire complètement délimité. Combien de points pouvez-vous encore en retirer ?

218

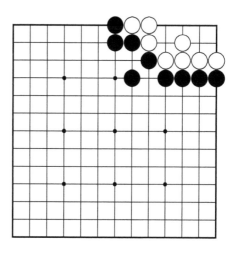

À Noir de jouer.

219. Combien de points Noir fait-il avec 1 ?

220. Combien de points Noir fait-il avec 1 ?

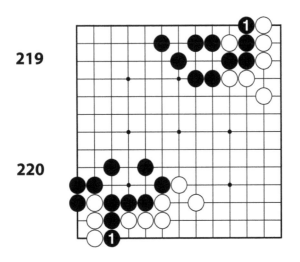

À Noir de jouer.

221. Combien de points Noir fait-il avec 1 ?

222. Combien de points Noir fait-il avec 1 ?

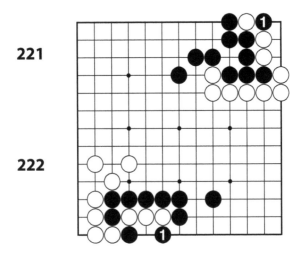

À Noir de jouer.

223. Combien de points Noir fait-il avec 1 ?

224. Combien de points Noir fait-il avec 1 ?

223

224

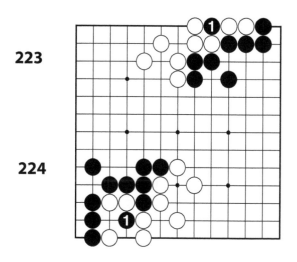

À Noir de jouer.

225. Combien de points Noir fait-il avec 1 ?

226. Combien de points Noir fait-il avec 1 ?

225

226

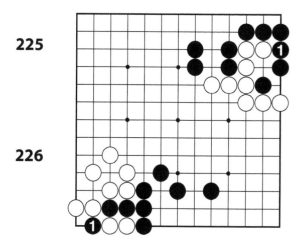

À Noir de jouer.

227. Un coup permet de capturer soit les deux pierres à gauches soit les trois pierres à droite. Où Noir doit-il jouer ?

228. Comment réduire le coin blanc ?

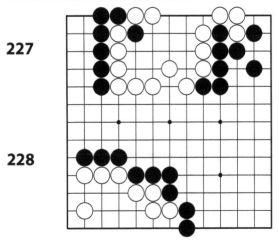

À Noir de jouer.

229. Pouvez-vous encore soustraire des points à Blanc ?

230. Si vous connaissez la grande glissade du singe, vous savez déjà où jouer !

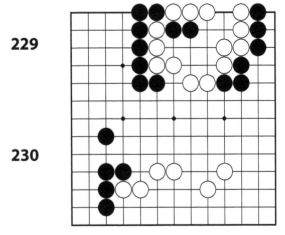

À Noir de jouer.

231. Comment devez-vous protéger votre coin après Blanc 3 ?

232. Comment protéger le coin après Blanc 3 ?

231

232

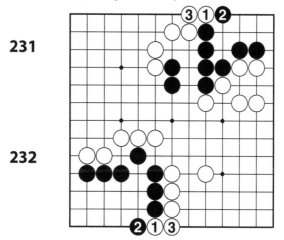

À Noir de jouer.

233. Comment devez-vous répondre à Blanc 1 ?

234. Comment devez-vous jouer pour réduire le coin ?

233

234

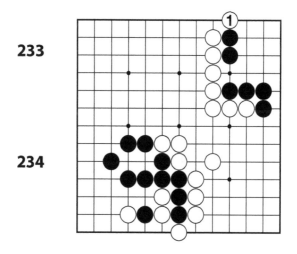

À Noir de jouer.

235. Comment devez-vous jouer votre yose ici ?

236. Quel est le plus gros coup de yose pour Noir ?

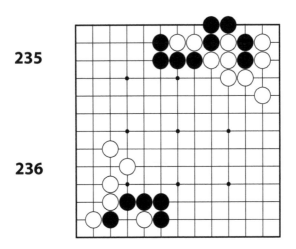

235

236

À Noir de jouer.

237. Quel est le plus gros coup de yose pour Noir ?

238. En fin de partie, quel est le plus gros coup à jouer ici ?

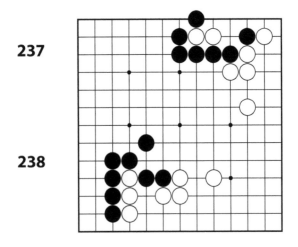

237

238

À Noir de jouer.

239. Comment répondre à Blanc 1 ?

240. En fin de partie, où se trouve le plus gros coup de Noir ?

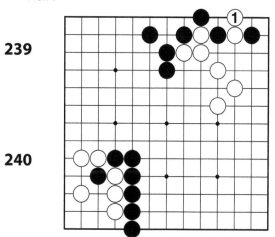

239

240

À Noir de jouer.

241. Où se situe le plus gros coup de fin de partie de Noir ?

242. Quel est le coup de yose approprié ?

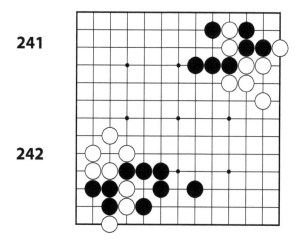

241

242

À Noir de jouer.

243. Où le plus gros coup de Noir se situe-t-il en fin de partie ?

244. Comment réduire le territoire blanc ?

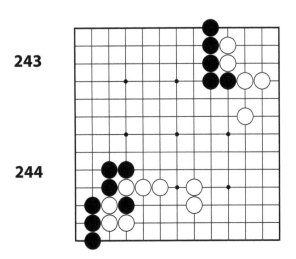

À Noir de jouer.

245. Comment réduire le territoire blanc ?

246. Où le plus gros coup de yose de Noir se situe-t-il ?

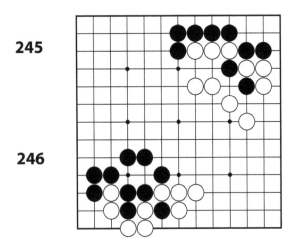

À Noir de jouer.

247. Comment réduire le territoire blanc ?
248. Comment exploiter les deux pierres noires capturées pour réduire le territoire blanc ?

247

248

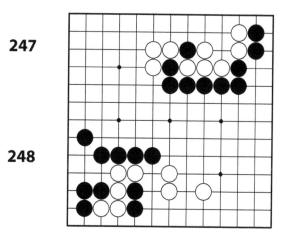

À Noir de jouer.

249. Où se situe le plus gros coup de yose ?
250. Comment réduire le territoire blanc ?

249

250

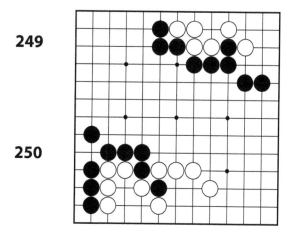

À Noir de jouer.

251. Où se situe le plus gros coup pour Noir en fin de partie ?

252. Comment exploiter les deux pierres noires capturées pour réduire le territoire blanc ?

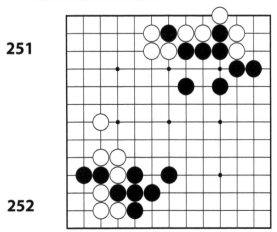

À Noir de jouer.

253. Quel gain Noir peut-il encore faire ?

254. Comment exploiter les deux pierres noires capturées pour réduire le territoire blanc ?

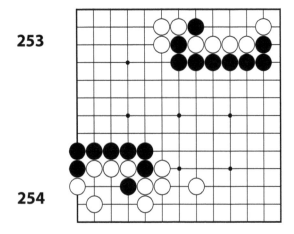

Solutions

Noir 1 est le meilleur point, parce qu'il empêche Blanc de prendre l'extension idéale depuis les deux pierres qui verrouillent son coin gauche. Si Noir jouait A ou B, Blanc occuperait lui-même le plus gros point avec C ou 1.

1

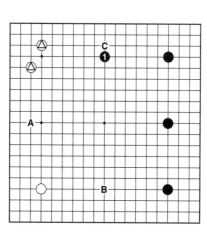

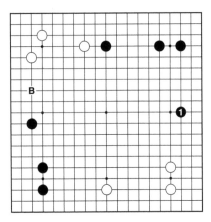

[2] Correct. Noir 1 est le plus gros point parce qu'il remplit deux objectifs : il constitue d'une part une extension depuis le coin supérieur noir et empêche d'autre part Blanc de s'étendre. L'extension en B est en comparaison très petite.

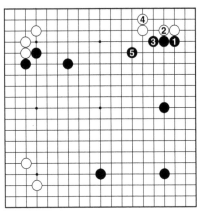

[3] Correct. Noir doit bloquer avec 1. Il construit une zone d'influence impressionnante dans le bord droit avec la séquence jusqu'à 5.

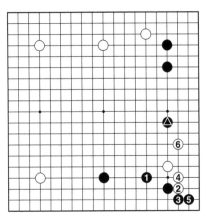

[4] Correct. Noir 1 protège le bord inférieur. Si Blanc s'attache avec 2 et recule avec 4, Noir joue 3 et 5 pour lui soustraire sa base de vie. Blanc ne peut plus s'étendre que jusqu'à 6, puisque la pierre noire marquée l'empêche d'aller plus loin.

[5] Correct. Noir doit saisir l'occasion et fermer son coin avec 1. Si Blanc joue maintenant 2 pour l'empêcher de prendre un deuxième coin, Noir peut l'attaquer avec une pince en 3. Si Blanc favorise A pour son attaque, Noir répond en B.

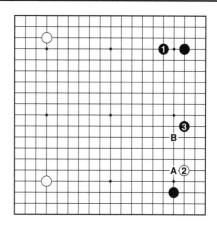

[6] Correct. L'extension 1 suit la règle générale selon laquelle on saute de trois points depuis un mur de deux pierres.

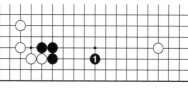

[6] Faux. L'extension haute en 1 est bien aussi éloignée que dans la bonne réponse, mais elle laisse une faiblesse en A. Si Blanc joue 2, Noir doit encore défendre.

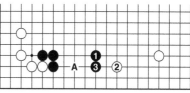

[7] Correct. Noir 1 bloque l'accès au milieu de Blanc et permet de construire du territoire sur le bord droit en coordination avec la pierre marquée. 1 est un point que Blanc aimerait également occuper.

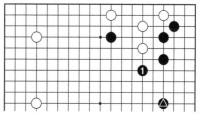

[8] Correct. Noir 1 attaque Blanc, qui doit maintenant fuir. Jouer A au lieu de 1 ne serait pas aussi bon, parce que Blanc étendrait en B. Après Noir 3 et Blanc C, Noir garderait une faiblesse en D.

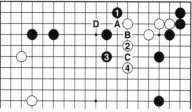

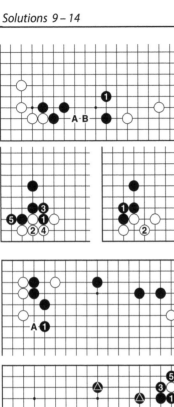

[9] Correct. Noir 1 protège des invasions menaçantes de Blanc en A et B.

[10] Correct (gauche). L'atari 1 est correct. Si Blanc répond avec 2 et 4, Noir joue 3 et 5. Variante (droite). Noir 1 est également correct. Blanc doit maintenant répondre en 2.

[11] Correct. Sauter en 1 ou en A est approprié. Il est important de préparer de larges zones plutôt que de chasser des pierres isolées dans des situations telles que celle-ci.

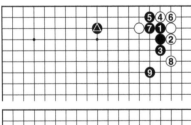

[12] Correct. Bloquer en 1 est la bonne solution. Noir doit ensuite tourner avec 3 et construire une position solide avec les pierres marquées. L'atari 5 est un important coup forçant.

[13] Correct. Jouer en face de la pierre marquée et séparer Blanc est la bonne direction. Les coups jusqu'à 9 sont joseki. La pierre marquée est maintenant une extension idéale du mur constitué par Noir.

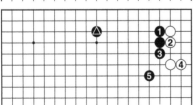

[14] Correct. Il vaut mieux construire du territoire du côté dont vous occupez le point central. Les coups Noir 1, 3 et 5 suivent cette idée.

[15] Correct. Ici encore, la bonne réponse est Noir 1. Ce coup établit un mur solide qui fonctionne bien avec la pierre marquée. Après Noir 5, Blanc est enfermé dans le coin.

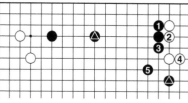

[16] Correct. En cas de double approche, il vaut toujours mieux s'attacher à la pierre qui n'est pas menacée par votre pince. Noir 1 suit ce principe.

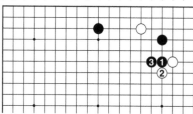

[17] Correct. Noir 1 est le point vital. La séquence jusqu'à 5 permet de garder le groupe blanc faible.

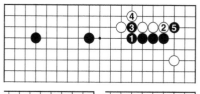

[18] Correct (gauche). Le coup 1 permet de faire une forme solide (cf. solution de l'exercice 10). Faux (droite). Noir 1 est une réponse exagérée. Blanc peut contrer avec 2. Le ko qui s'ensuit est désagréable pour Noir.

[19] Correct (gauche). Noir saute solidement avec 1. Faux (droite). Noir 1 est clairement trop éloigné et Noir C dans l'énoncé donnerait une position trop aplatie.

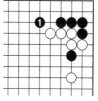

[20] Correct. Il n'y a pas d'autre coup que Noir 1. Blanc joue maintenant 2 et 4 pour créer une coupe. Après Noir 7, le joseki s'arrête. Plusieurs séquences connues peuvent suivre en milieu de partie.

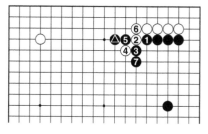

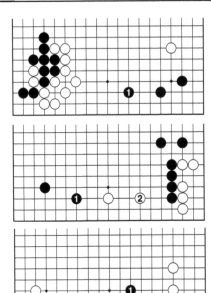

[21] Correct. Noir ne devrait pas s'étendre au-delà de 1 à cause de la force blanche. S'il jouait un point plus loin de sa position, Blanc envahirait aussitôt.

[22] Correct. Noir est le bon coup. L'extension de Blanc en 2 semble opportune, mais le mur noir diminue nettement son potentiel.

[23] Correct. Noir est le bon coup dans cette position. Le coup permet d'établir une position équilibrée dans le bord.

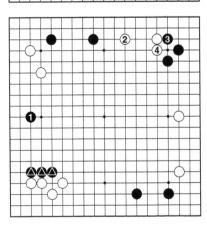

[24] Correct. L'extension 1 constitue le coup le plus important. Si Blanc le jouait, les trois pierres marquées n'auraient pas de base de vie concrète. Si Blanc répond 2 après Noir 1, Noir peut toujours échanger 3 pour 4.

[25] Correct. Bloquer en 1 est le coup le plus important parce qu'il empêche Blanc de jouer au même endroit et de saper la position noire. Blanc 2 et Noir 3 sont les réponses naturelles à ce coup.

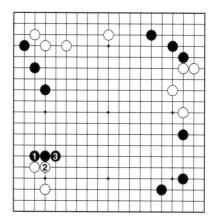

[26] Correct. L'extension en 1 est le point le plus important parce qu'il donne une base de vie aux pierres blanches du bas. A est un gros point, mais il n'est pas aussi important que 1.

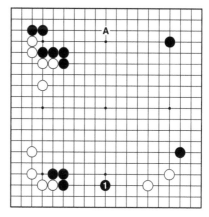

[27] Correct. Noir 1 est le meilleur coup. Il ne constitue pas seulement une extension pour la position noire mais empêche également l'extension blanche. Le point A est loin d'être aussi bon.

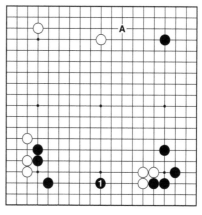

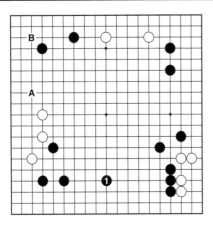

[28] Correct. Noir 1 est le plus gros coup ici parce qu'il relie les deux positions noires et constitue une impressionnante zone d'influence. Jouer en A n'apporterait pas autant puisque Blanc pourrait encore envahir en B.

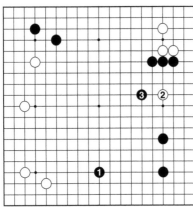

[29] Correct. Correct. Noir 1 est le plus gros point. Blanc ne peut pas directement envahir en 2 puisque Noir contrerait avec 3 ; c'est pourquoi il n'est pas urgent pour Noir de jouer dans cette partie du plateau.

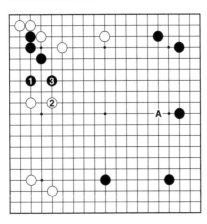

[30] Correct. Noir 1 est le coup le plus important parce qu'il donne une base de vie à la position noire. Noir doit sauter en 3 après Blanc 2. Noir A est également un énorme coup, mais il n'est pas aussi urgent que 1 dans ce cas.

[31] Correct. Noir 1 est le meilleur coup parce qu'il n'attaque pas seulement les deux pierres blanches mais constitue également une extension pour le coin supérieur droit.

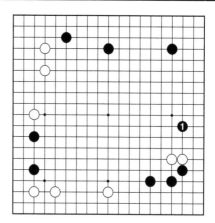

[32] Correct. 1 permet à Noir de développer le milieu. Si Blanc coupe avec 2, la séquence jusqu'à 9 s'ensuit. Les deux positions noires à gauche du plateau travaillent bien ensemble et se complètent. Noir A serait également un gros coup, mais il n'est pas adapté à la situation. Blanc envahirait en B. Si Noir protégeait sa coupe en 3, Blanc sauterait en C et laisserait les deux groupes noirs séparés.

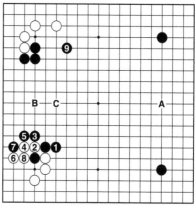
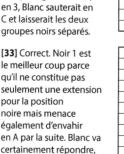

[33] Correct. Noir 1 est le meilleur coup parce qu'il ne constitue pas seulement une extension pour la position noire mais menace également d'envahir en A par la suite. Blanc va certainement répondre, laissant l'initiative à Noir.

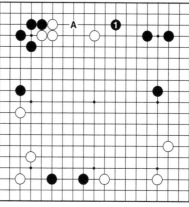

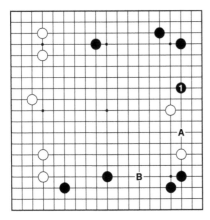

[34] Correct. Noir 1 est le meilleur point ici. Il répond à deux objectifs : étendre depuis le coin et menacer d'envahir en A. Le coup B, n'est donc pas urgent puisque Blanc n'a pas le temps de causer des problèmes dans le bord inférieur.

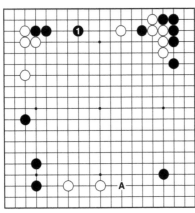

[35] Noir 1 est le plus gros coup puisqu'il renforce les deux pierres noires dans le bord supérieur et empêche Blanc de les attaquer sévèrement. Noir A remplirait également un double objectif, mais il faut donner beaucoup plus de valeur à la défense du bord supérieur.

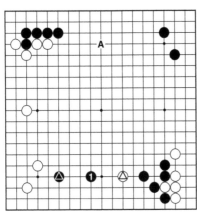

[36] Correct. Noir 1 est le meilleur coup parce qu'il renforce la pierre noire marquée et attaque la pierre blanche marquée. Un coup en A serait gros mais Noir 1 est plus urgent.

[37] Correct. Noir 1 est le bon coup. Il n'enlève pas seulement sa base de vie à la pierre blanche mais empêche également Blanc de se renforcer tout en gardant l'initiative grâce à une attaque sur le groupe du haut en A.

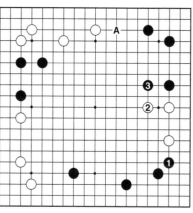

[38] Correct. Noir 1 est un très bon coup parce qu'il permet à Noir de protéger son coin tout en menaçant les pierres blanches dans le bord droit. Si Blanc saute maintenant en 2, la réponse de Noir lui permet de construire une boîte. Noir A n'est qu'une extension qui n'offre pas autant de possibilités par la suite et ne menace pas d'invasion.

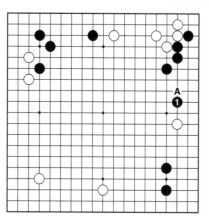

[39] Correct. Noir 1 est le meilleur coup parce qu'il empêche Blanc de contre-attaquer en A et relie les groupes du bord inférieur. Noir B est certainement gros mais Noir 1 est urgent.

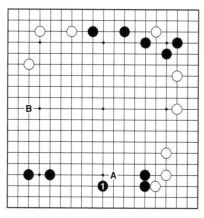

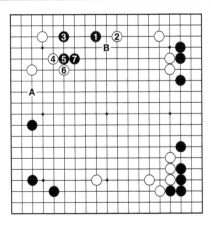

[40] Correct. Noir 1 est le meilleur coup ici. Si Blanc attaque avec 2, la séquence jusqu'à 7 suivra.
Si Noir jouait juste A, le coup blanc en B transformerait le bord supérieur en territoire potentiel.

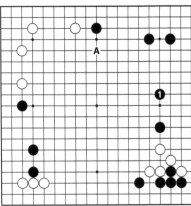

[41] Correct. Noir 1 est le bon coup parce qu'il protège d'une attaque blanche au même point. Noir A est un gros coup, mais il n'est pas aussi urgent que 1.

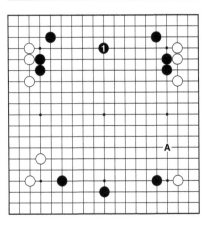

[42] Correct. Noir 1 est le meilleur coup et le plus gros point. Il relie les deux positions du bord supérieur et construit une énorme zone d'influence.

[43] Correct. Jouer en 1 est le bon coup. Cette extension force Blanc à protéger sa position avec 2. Noir a alors le temps de poursuivre avec 3. L'approche en A n'est pas urgente parce que le bord droit n'est pas important. Noir n'a pas beaucoup de potentiel là.

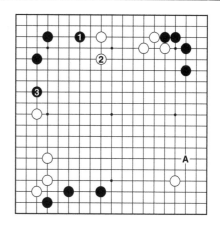

[44] Correct. Noir 1 est le seul coup possible dans ce cas de figure. Même si Blanc arrive à vivre, il n'aura que quelques points et Noir dominera l'ensemble du plateau. Blanc n'a pas le temps de prévenir une invasion en A, Noir ne doit donc pas se dépêcher de jouer dans cette partie du plateau.

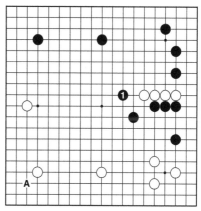

[45] Correct. Noir est le bon coup parce qu'il protège le coin noir suite à l'attaque de la pierre marquée tout en aug- mentant la pression sur le groupe blanc. Blanc 2 et Noir 3 suivent.
Un coup en A serait certainement gros, mais Noir 1 est plus important parce qu'il assure la base de vie du groupe en haut à droite.

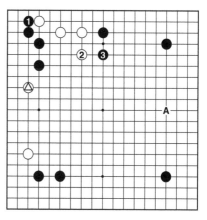

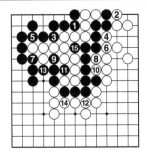

[46] Quand les deux adversaires ont le même nombre de libertés, celui qui joue en premier remporte le semeai. Ceci vaut également quand les groupes partagent une liberté intérieure commune, puisqu'elle compte pour les deux.

Dans ce cas-ci, les deux groupes ont huit libertés. Si Noir est le premier à jouer, il remporte donc la course, si Blanc est le premier à jouer, c'est lui qui capturera les pierres adverses. Bien entendu, il est important de toujours commencer par remplir les libertés extérieures.

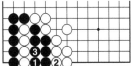

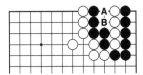

[47] Les groupes partagent deux libertés intérieures communes sans avoir de libertés extérieures : c'est un seki. Les pierres ne peuvent pas être capturées. Si l'un des adversaires joue A ou B, l'autre pourra capturer son groupe.

[48] Dans ce cas-ci, les deux groupes partagent deux libertés intérieures mais l'un d'eux a une liberté extérieure. La position n'est donc pas seki. Noir peut capturer les pierres blanches. Si Blanc est le premier à jouer, il peut jouer en 2 et obtenir un seki.

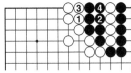

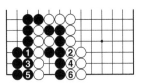

[49] Noir a deux libertés extérieures et Blanc n'en a pas. Noir peut donc capturer Blanc même si Blanc est le premier à jouer. Si Noir ignore une fois l'approche de Blanc pour jouer ailleurs, Blanc obtiendra un seki après 1 et 3.

[50] Les deux groupes ont trois libertés extérieures et deux libertés communes, ce qui mène à un seki. Cette règle vaut également pour les positions où les adversaires partagent plusieurs fois deux libertés intérieures communes.

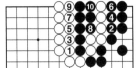

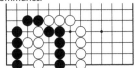

[51] Noir a plus de libertés extérieures que Noir. Il part donc favori. Pour voir s'il peut remporter le semeai, on compte les libertés extérieures et on n'y ajoute qu'une des libertés intérieures, puisqu'il doit remplir lui-même ses propres libertés pour mettre son adversaire atari. Noir a donc 5 + 1 = 6 libertés, alors que Blanc en a 3 + 2 = 5. Noir l'emporte.

[52] Noir part favori. Il a 4 + 1 = 5 libertés. Blanc, qui a moins de libertés extérieures, a pourtant un total de 3 + 3 = 6 libertés. Il ne peut pas tuer Noir pour autant, puisque celui-ci vivra toujours en seki.

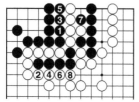

[53] Noir a quatre libertés et Blanc en a cinq. Noir ne peut donc pas capturer les pierres blanches.

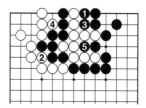

[54] Noir a ici trois libertés, de même que Blanc. Noir remporte donc le semeai s'il est le premier à jouer.

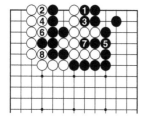

[55] Noir et Blanc ont tous deux quatre libertés extérieures. Etant donné que Noir ne peut pas approcher en 7 directement, il doit d'abord préparer ce coup avec 5. Ces coups d'approche sont considérés comme des libertés supplémentaires pour l'adversaire. Comme les deux groupes ont autant de libertés extérieures et deux libertés communes, la position est seki. Noir ne peut pas capturer Blanc.

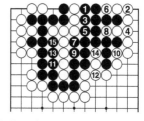

[56] Les deux groupes ont huit libertés communes ; Noir a donc besoin de huit coups pour capturer Blanc. Etant donné que Noir a dix libertés extérieures, il remporte la course même si Blanc est le premier à jouer.

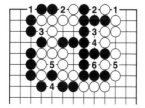

[57] Noir a sept libertés, six à l'extérieur et une à l'intérieur (puisqu'il doit remplir ses libertés intérieures s'il veut approcher Blanc). Blanc a cinq libertés extérieures et quatre libertés intérieures, ce qui en fait neuf. Noir ne peut donc pas capturer Blanc, mais il ne doit rien craindre puisqu'il est certain de vivre en seki.

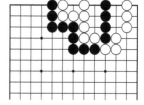

[58] Si un des adversaires a un œil, toutes ses libertés comptent. Blanc en a donc quatre. On ne compte alors que les libertés extérieures de celui qui n'a pas d'œil : Noir en a trois. Noir ne peut donc pas capturer Blanc. Si les deux adversaires ont le même nombre de libertés, celui qui joue en premier remporte le semeai. Il n'y a pas de seki.

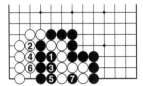

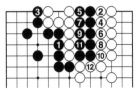

[59] Noir a quatre libertés (il n'a pas d'œil donc on ne compte que les libertés extérieures) et Blanc en a également quatre (toutes ses libertés comptent puisqu'il a un œil). Si les deux adversaires ont le même nombre de libertés, celui qui joue en premier remporte le semeai. Noir capture donc Blanc.

[60] Noir a six libertés (pas d'œil, donc on ne compte que les libertés extérieures) et Blanc en a sept (toutes ses libertés comptent en raison de son œil). Noir perd donc le semeai même s'il est le premier à jouer.

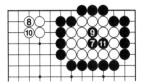

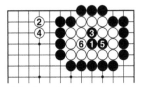

[61] Combien de libertés donne un œil ? L'œil de trois points et la plus petite forme à pouvoir être séparée en deux yeux. Noir doit commencer par 1 et jouer trois fois pour capturer Blanc.

[62] Combien de libertés donne une pyramide de quatre points ? Pour estimer les libertés, on ne compte que les coups auxquels Blanc ne répond pas. Noir joue donc 1 et 3 ; Blanc ne répond qu'à 5 pour capturer les pierres.

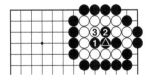

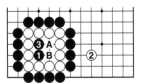

[62] Suite. Blanc a maintenant un œil de trois points et il faut trois coups à Noir pour le capturer. Blanc peut donc ignorer cinq coups et a donc cinq libertés.

[63] Noir commence une fois encore avec 1 et 3. Qu'il joue ensuite A ou B, Blanc devra capturer ses pierres. Noir aura à nouveau besoin de trois coups pour pouvoir retirer le groupe blanc du plateau. Dans cette forme, Blanc a donc une fois encore cinq libertés.

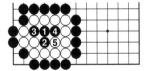

[64] Blanc a six libertés puisque Noir a besoin de six coups pour le capturer. Noir joue un premier coup puis Blanc capture les pierres noires après 2 et la forme pyramidale à cinq libertés du problème 62 se présente à nouveau. Cela donne donc 1 + 5 = 6.

[65] Il faut huit coups à Noir pour remplir un œil de cinq points. Blanc ignore les coups 1 à 3 puis capture après 4. La pyramide de quatre points revient alors avec ses cinq libertés, ce qui donne donc 3 + 5 = 8.

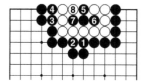

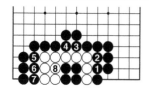

[66] Il faut onze coups à Noir pour capturer le groupe blanc : huit pour remplir la forme morte à cinq points, moins un coup qui a déjà été joué et quatre libertés extérieures.

[67] Noir a besoin de jouer onze coups pour retirer les pierres blanches du plateau. Blanc ignore les coups 1 à 6 et capture après 7. S'ajoutent ensuite les cinq libertés des quatre points en carrés du problème 63, ce qui donne 6 + 5 = 11.

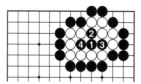

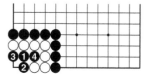

[68] Noir n'a besoin que de quatre coups pour retirer les pierres blanches du plateau. Si Blanc protège son groupe en atari après 2, Noir capture aussitôt et n'a besoin que de trois coups.

[69] Correct. Les groupes dans le coin réagissent différemment. Noir n'a besoin que de quatre coups pour remplir la forme morte de cinq points.

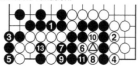

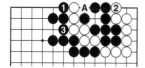

[69] Variante. Si Blanc répond à 1 (qui n'est donc pas compté comme une liberté), Noir étire avec 3. Blanc doit alors également répondre au prochain coup Noir et Noir consacre trois coups à la forme de trois points qui résulte. Blanc a donc également quatre libertés dans cette variation.

[70] Noir ne peut pas remporter cette course aux libertés. Il n'a que cinq libertés : deux à l'extérieur, deux dans son œil et une liberté commune. Blanc, lui, a sept libertés : cinq à l'extérieur, une dans son œil et la liberté intérieure commune.

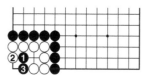

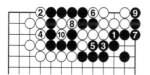

[71] Noir a dix libertés et Blanc sept. Noir l'emporte donc. On compte pour Noir deux libertés extérieures, sept dans l'œil (les huit de la forme à cinq points moins le coup déjà joué) et une seule des libertés communes, puisque Noir doit les remplir pour capturer les pierres adverses.

[72] Correct. Noir doit commencer par remplir les libertés extérieures. Blanc ne peut plus s'approcher après 3. Si Noir commence son approche avec A, il perd la course aux libertés.

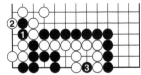

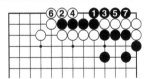

[73] Seki. Noir ne peut pas capturer Blanc. Après 1 et 2, Blanc a encore besoin de deux coups d'approche, ce qui, avec la liberté extérieure et la liberté commune, donne quatre libertés à Noir. Blanc en a également quatre : deux dans son œil et les deux libertés communes. On ne compte toujours qu'une liberté commune à Noir, puisqu'il doit être capable de remplir les points communs s'il veut capturer Blanc.

[74] Correct. Noir doit solidement jouer 1 pour remporter le semeai avec une liberté d'avance.

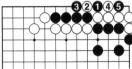

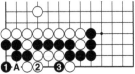

[74] Faux. Noir ne peut pas retirer de liberté à Blanc avec 1, puisque ce coup donne lieu à un ko. Le ko est favorable à Noir, puisque Blanc doit ignorer deux menaces avant de l'emporter, mais capturer les pierres avec certitude vaut mieux.

[75] Correct. Noir fait un œil avec 1. Après 3, Blanc ne peut plus s'approcher. Jouer Noir 1 en A permettrait également de faire un œil, mais Blanc pourrait à nouveau obtenir un ko dans cette position.

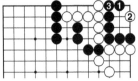

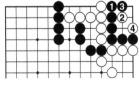

[76] Correct. Noir 1 permet de gagner une liberté. Le compte est simple après 3 : Blanc a six libertés et Noir en a sept (les huit de la forme à cinq points moins celle déjà posée).

[76] Faux. Noir 1 est une erreur qui accorde un ko à Blanc après 2 et 4. Si Noir joue encore dans le coin, il perd une liberté qui lui coûte le semeai. Blanc débute le ko au point 1-1.

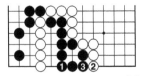

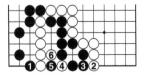

[77] Correct. Noir 1 est un coup solide. Après 3, le compte est simple : Noir a un œil et peut compter toutes ses libertés : 4 +1 = 5. Blanc n'a pas d'œil et ne peut compter que ses libertés extérieures. Il en a quatre.

[77] Faux. Noir ne peut pas l'emporter puisque Blanc lui prend une liberté en sacrifiant avec 4. Noir peut connecter pour obtenir un seki après Blanc 2 et 4, mais il ne capturera pas les pierres blanches ainsi.

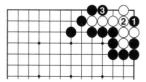

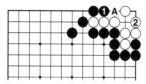

[78] Correct. Noir 1 force Blanc à jouer 2. Noir peut alors jouer 3 et empêcher son adversaire de faire un deuxième œil.

[78] Faux. Noir 1 est une erreur parce que Blanc peut assurer ses deux yeux avec 2. Noir ne peut pas s'approcher en A pour fausser l'œil.

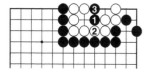

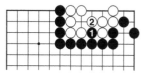

[79] Correct. Noir 1 tue. Si Blanc sépare avec 2, il étire en 3.

[79] Faux. Noir ne peut pas se glisser en 1 parce que Blanc défend avec 2 et a deux yeux.

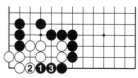

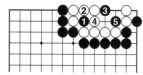

[80] Correct. Noir 1 est le point qu'il est essentiel d'occuper parce qu'il fausse l'œil.

[81] Correct. La combinaison des coups Noirs 1 à 5 tue Blanc. Après 5, Blanc ne peut plus approcher les pierres noires.

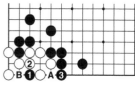

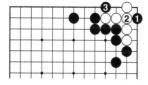

[82] Correct. Noir 1 occupe le point vital. Blanc ne peut plus faire d'œil avec A après 2 et 3. S'il décide de jouer B d'abord, Noir répond en A.

[83] Correct. Noir 1 occupe le point vital. Noir 3 empêche la formation d'un deuxième œil après Blanc 2. Si Blanc joue en 3 plutôt qu'en deux, Noir répond en 2. Blanc ne peut pas s'approcher.

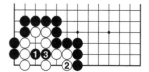

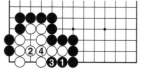

[84] Correct. Noir 1 constitue le point vital. Blanc n'a plus de réponse possible après Noir 3.

[84] Faux. Si Noir joue 1, Blanc occupe le point vital. Noir n'obtient rien de cette manière.

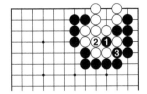

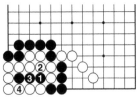

[85] Correct. Noir 1 est essentiel parce que Blanc ne peut plus jouer en 3 à cause du manque de libertés. Si Blanc répond en 2, Noir l'empêche de faire un deuxième œil avec 3.

[86] Correct. Noir doit mettre Blanc atari avec 1 et doit encore sacrifier une pierre avec 3. Blanc est forcé de capturer avec 4. Les deux groupes ont donc maintenant trois libertés chacun. Noir poursuit en jouant sur le point 3.

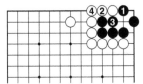

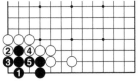

[87] Correct. Jouer Noir 1 au point 2-1 assure la vie du groupe en formant deux yeux.

[88] Correct. Noir est un coup défensif mais solide puisqu'il assurer les deux yeux dans le coin.

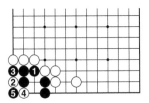

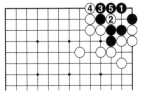

[88] Faux. Noir 1 suit le savoir répandu selon lequel il faut agrandir son espace vital, mais Blanc 2 et 4 lui donnent tort ici puisqu'ils mènent à un ko dans le coin.

[89] Correct. Jouer Noir 1 au point 2-1 garantit la vie en formant deux yeux. Blanc ne peut plus capturer de pierre ou fausser d'œil.

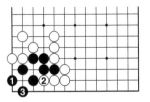

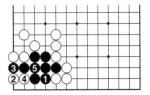

[90] Correct. Le point 1-2 est également essentiel ici parce qu'il rend miai les coups 2 et 3.

[90] Faux. Noir 1 permet bien de faire un œil, mais Blanc peut empêcher toute autre avancée avec 2 et 4.

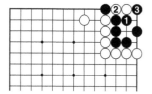

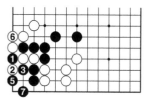

[91] Correct. Noir 1 n'assure pas seulement un œil mais bien deux. Noir 3 permet de vivre dans le coin si Blanc joue 2.

[92] Correct. Le sacrifice en 1 est le tesuji qui vous sauve. Blanc capture, Noir menace de prendre deux pierres, Blanc protège, Noir menace une fois encore et vit finalement avec 7.

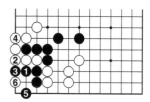

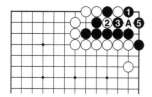

[92] Faux. Les atari 1 et 3 sont une manière de faire maladroite. Noir n'a aucune manière de faire une forme vivante après la séquence. Blanc 6 tue si Noir essaye de jouer 5.

[93] Correct. Noir doit sacrifier une pierre pour pouvoir jouer 3 de manière forçante et vivre avec 5. S'il protégeait en 2 au lieu de jouer 1, Blanc l'empêcherait de faire des yeux en jouant A.

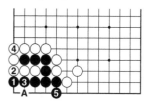

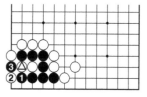

[94] Correct. Noir 1 est un tesuji qui force Blanc à connecter. Noir peut maintenant vivre avec 3 et 5. Si Blanc tente de contrer en jouant 3 au lieu de 2, l'atari A empêche Blanc de connecter.

[94] Faux. Noir 1 est irréfléchi. Blanc contre avec 2 et sacrifie deux pierres. Si Noir capture avec 3, Blanc reprend aussitôt sa pierre. Noir n'a donc pas d'œil et est mort.

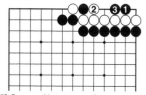

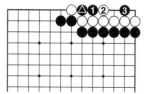

[95] Correct. Noir occupe le point vital avec 1. Blanc meurt après 2 et 3. Si Blanc commence avec 3, Noir le tue avec 2.

[95] Faux. Noir 1 semble réduire l'espace vital, mais Blanc vit avec 2 puisque Noir 3 et l'emplacement de la pierre marquée constituent un miai pour faire son deuxième œil.

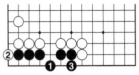

[96] Correct. Noir 1 occupe le point vital. 2 et 3 sont maintenant miai et Noir vit.

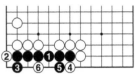

[96] Faux. Noir 1 ne suffit malheureusement pas. Blanc peut simplement réduire l'espace vital avec 2, puis tuer Noir. Si Noir joue 2 au lieu de 1, la situation reste semblable puisque Blanc répond avec 1.

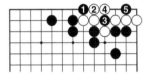

[97] Correct. Noir doit réduire l'espace vital avant de tuer la position avec 3 et 5. Toute autre tentative est vouée à l'échec.

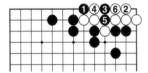

[97] Variante. Si Blanc répond avec 2, Noir répond avec 3. Les points 4 et 5 sont maintenant miai. Après Blanc 6, Noir sacrifie à l'emplacement qu'occupait 5.

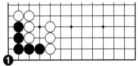

[98] Correct. Jouer Noir 1 au centre de la symétrie assure deux yeux. Blanc ne peut pas le tuer.

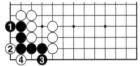

[98] Faux. C'est une erreur de vouloir vivre avec Noir 1. Blanc contre avec 2 et 4 et peut maintenant obtenir un « bent four ». Cette forme tue les pierres adverses.

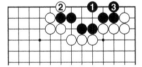

[99] Correct. Noir doit protéger sa faiblesse avec 1. Blanc ne peut plus rien contre lui.

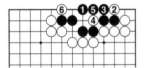

[99] Faux. Si Noir joue 1, Blanc le tue avec 2. Noir n'a plus aucune chance de survie.

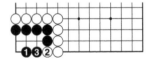

[100] Correct. Noir 1 occupe le point vital. Il peut vivre quelle que soit la réaction de Blanc. Dans ce cas de figure-ci, Blanc joue 2 et Noir vit avec 3 grâce à la forme sûre qu'il produit.

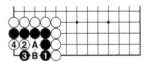

[100] Faux. Noir 1 est une erreur fatale. Blanc tue maintenant avec 2. Noir 4 ne peut pas s'approcher en A parce que Blanc capturerait en B.

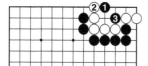

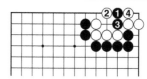

[101] Correct. Noir 1 est le tesuji qui tue Blanc. Si Blanc essaye de séparer en 2, Noir capture les cinq pierres blanches avec 3.

[101] Faux. Noir est tentant mais c'est une erreur. Blanc contre avec 2 et 4 et vit.

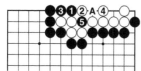

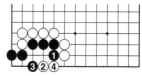

[102] Correct. Noir doit jouer solidement en 1. Blanc ne peut plus le tuer.

[102] Faux. Noir 1 est un coup exagéré qui mène à la position du problème 101. Blanc tue avec 2. Si Noir répond en 3, Blanc s'étend et Noir n'a qu'un œil.

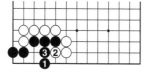

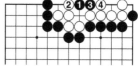

[103] Correct. Noir 1 exploite les faiblesses blanches. Blanc ne peut pas utiliser 2 pour séparer en 3. Les points 4 et 5 sont miai. Si Blanc joue 4, A n'est pas un œil quand Noir joue 5.

[103] Faux. Noir semble être le point vital mais c'est une erreur : Blanc vit simplement avec 2.

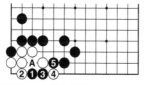

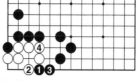

[104] Correct. Noir doit jouer à l'intérieur. Blanc n'arrive pas à faire deux yeux dans la séquence jusqu'à 5. S'il capture avec A, Noir sacrifie à nouveau en 3.

[104] Faux. Noir 1 ne suffit pas. Blanc vit avec 2 et 4.

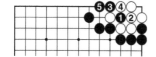

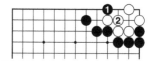

[105] Correct. Les coups 1 à 5 tuent le coin blanc. La combinaison de Noir 1 et 3 est adroite.

[105] Faux. Noir 1 est une réponse faible qui permet à Blanc de protéger solidement et de vivre.

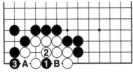

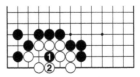

[106] Correct. Noir doit jouer à l'intérieur avec 1. Blanc A serait un auto-atari après Noir 3. Si Blanc joue plutôt en B, Noir l'empêche de faire un vrai œil avec A.

[106] Faux. Noir 1 est également joué au sein de la position adverse mais le coup manque le point vital. Blanc s'assure maintenant deux yeux avec 2.

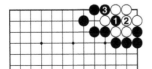

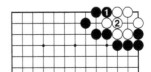

[107] Correct. Noir met son adversaire atari et exploite ainsi sa faiblesse. Si Blanc capture, Noir joue 3 pour empêcher la formation d'yeux.

[107] Faux. Noir 1 lance la séquence dans le mauvais ordre. Blanc vit simplement en protégeant ses faiblesses avec 2.

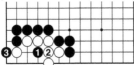

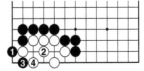

[108] Correct. Noir doit d'abord jouer à l'intérieur de la forme avant de réduire l'espace vital. Blanc ne peut pas s'étirer en 3 au lieu de jouer 2 parce que la position s'effondre si Noir répond en 2.

[108] Faux. Commencer par réduire l'espace vital est une erreur puisque Blanc peut obtenir un ko de la position avec 2 et 4.

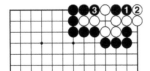

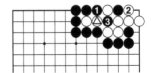

[109] Correct. Noir doit s'étendre à l'intérieur avec 1. Blanc ne peut pas jouer 3. S'il capture avec 2, Noir fausse l'œil avec 3.

[109] Faux. Noir 1 est irréfléchi parce que Blanc peut désormais faire deux yeux. Blanc après Noir 3 et vit.

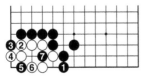

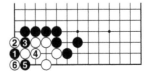

[110] Correct. S'étendre calmement en 1 tue. Noir poursuit de manière cohérente avec la séquence de 3 à 7 quand Blanc joue 2.

[110] Faux. Noir 1 ne tue pas de manière inconditionnelle parce que Blanc résiste avec 6 et obtient un ko.

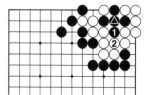

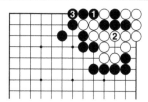

[111] Correct. Noir sacrifie une pierre en 1 et constitue ainsi une forme morte. Si Blanc capture avec 2, Noir joue à nouveau à l'emplacement de la pierre marquée.

[111] Faux. Tenter de se connecter avec Noir 1 échoue parce que Blanc met atari avec 2. Noir ne peut pas protéger toutes ses faiblesses et perd ses pierres et le coin.

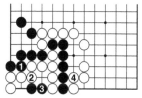

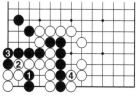

[112] Correct. Noir menace la coupe avec 1 et tue ensuite avec 3. Après Blanc 4, les deux parts ont trois libertés (cf. problème 69). Noir remporte la course aux libertés puisque c'est à lui de jouer.

[112] Faux. Noir 1 tue localement la forme blanche mais Blanc remporte maintenant le semeai puisqu'il faut six coups à Noir pour capturer les pierres blanches.

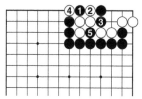

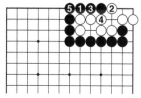

[113] Correct. Le hane 1 constitue le bon coup. Si Blanc le coupe, Noir le met atari et Blanc ne peut plus s'échapper de cette situation.

[113] Variante. Si Blanc essaye de faire des concession et joue 2, Noir relie. Blanc ne peut toujours pas faire deux yeux.

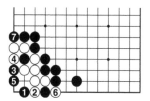

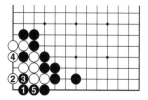

[114] Correct. Noir 1 est le tesuji. Si Blanc sépare avec 2, Noir le met atari. Blanc ne peut plus approcher après Noir 5.

[114] Variante. Si Blanc essaye de faire deux yeux avec 2, Noir peut contrer avec 3. Blanc ne peut pas séparer les pierres adverses à cause du manque de libertés.

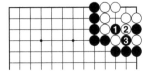

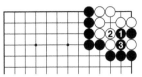

[115] Correct. Noir 1 empêche la formation d'yeux. Blanc ne peut pas jouer en 3 puisque Noir capturerait en 2.

[115] Faux. Noir 1 ne fait rien. Il laisse le point le plus important à Blanc, qui vit.

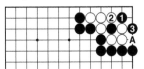

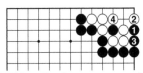

[116] Correct. Noir doit d'abord occuper le point vital avec 1. Si Blanc répond avec 2 et 4, Noir l'empêche de faire des yeux avec 3 et 5.

[116] Variante. Si Blanc contre avec 4 après 3, Noir répond 5. A n'est pas un œil même si Blanc capture.

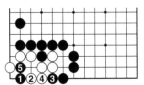

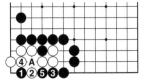

[117] Correct. Noir 1 est un tesuji qui empêche Blanc de jouer en A. S'il capture la pierre noire avec 2, 3 l'empêche toujours de séparer les pierres noires.

[117] Faux. Tous les autres coups noirs, comme Noir 1 ici, sont voués à l'échec. Blanc est sûr de vivre.

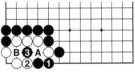

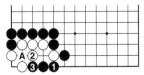

[118] Correct. Calmement reculer en 1 fait toute la différence. Après Blanc 2, Noir joue 3 pour empêcher la formation d'yeux. A et B sont désormais miai.

[118] Variante. Si Blanc répond avec 2 comme ici, Noir joue en 3. A n'assure plus l'oeil.

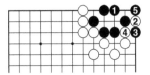

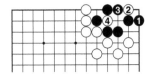

[119] Correct. Noir 1 assure la formation de deux yeux. Blanc 2 et 4 n'y changent rien.

[119] Faux. Essayer d'élargir son espace vital avec 1 n'aide pas ici, puisque Blanc utilise la combinaison de 2 et 4 pour contrer.

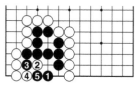

[120] Correct. Noir 1 assure le deuxième œil. Quoi que Blanc fasse, il ne pourra pas en empêcher la formation.

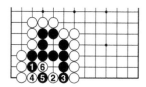

[120] Faux. Noir 1 semble préparer un œil, mais Blanc contre avec 2 et rien n'est plus possible.

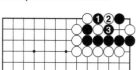

[121] Correct. Noir sacrifie avec 1. Après 3, Blanc ne peut pas connecter ses pierres à cause d'un manque de libertés.

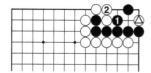

[121] Faux. Noir 1 est un coup maladroit. La pierre marquée se trouve maintenant sur le point vital de la forme.

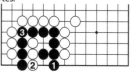

[122] Correct. Noir vit en seki avec 1 et 3. Si Blanc joue 2 en 3, Noir vit avec deux points en occupant 2 lui-même.

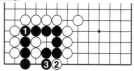

[122] Faux. Noir ne peut pas protéger sa coupe, parce que Blanc le tuerait avec 2.

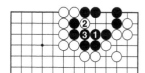

[123] Correct. Noir 1 est un coup efficace qui donne une forme riche en yeux. Si Blanc joue 2, Noir répond 3.

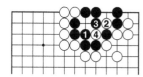

[123] Faux. Protéger le double atari avec 1 est fatal pour Noir. Blanc contre avec 2 et obtient un ko après 3.

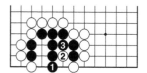

[124] Correct. Noir occupe le point de symétrie avec 1, ce qui lui permet de vivre. Noir 3 suit Blanc 2 et Blanc ne peut pas connecter sa pierre.

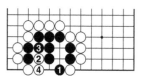

[124] Faux. Noir 1 est un coup attirant, mais Blanc peut mettre Noir atari avec 2 avant de connecter avec 4. Noir n'a qu'un œil.

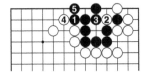

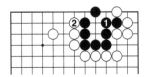

[125] Correct. Noir doit constituer un espace pour former des yeux avec 1. Blanc capture une de ses pierres, mais Noir vit avec 3 et 5.

[125] Faux. Protéger une pierre ne peut qu'être mauvais, puisque Blanc tue impitoyablement avec 2.

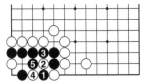

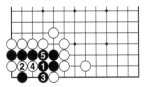

[126] Correct, Noir bloque en 1 et assure son deuxième œil avec les coups 3 et 5 puisque Blanc ne peut pas connecter en 1 suite à cette séquence.

[126] Faux. Jouer 1 ne suffit pas à assurer la vie du groupe. Blanc tuer simplement avec 2 et 4.

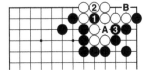

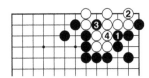

[127] Correct. Noir 1 est un tesuji. Il empêche Blanc de former deux yeux. S'il capture avec 2, 3 s'ensuit. A et B sont alors miai.

[127] Faux. Noir 1 n'empêche pas Blanc de vivre avec 2. Si Noir tente 3, Blanc répond 4.

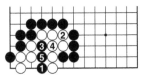

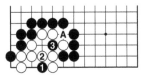

[128] Correct. Noir 1 est le point vital. Si Blanc joue 2, Noir le met atari avec 3 et tue avec 5.

[128] Variante. Si Blanc répond avec 2 comme ici, Noir poursuit avec 3. Blanc ne peut pas jouer A puisqu'il se mettrait en auto-atari.

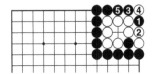

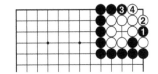

[129] Correct. Noir 1 tue. Si Blanc se connecte avec 2, Noir joue 3 et Blanc ne peut pas le déconnecter. Il ne peut plus que jouer 4 et Noir protège avec 5.

[129] Faux. Capturer avec 1 ne mène à rien puisque Blanc peut vivre avec 2 et 4.

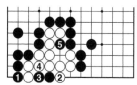

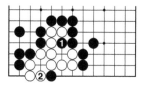

[130] Correct. Noir 1 est un coup qui tue en exploitant les faiblesses dans le bas de la position. Après Noir 5, Blanc n'a plus qu'un œil.

[130] Faux. Noir 1 ne suffit pas, parce que Blanc assure ses deux yeux avec 2.

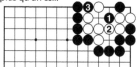

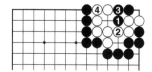

[131] Correct. Noir tue avec 1. Noir 3 est un coup essentiel auquel Blanc ne peut pas répondre.

[131] Faux. Répondre comme ici à Blanc 2 est une erreur qui permet à Blanc de vivre en seki.

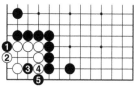

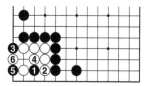

[132] Correct. La combinaison de 1 et 3 tue le coin blanc. Après Blanc 4 et Noir 5, Blanc n'a plus deux yeux.

[132] Faux. Noir ne peut pas changer l'ordre des coups parce qu'il permet à Blanc de répondre autrement avec 4 et d'obtenir un ko.

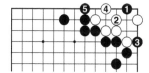

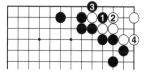

[133] Correct. Noir 1 est le tesuji. Quoi que Blanc tente pour se défendre, le coin est mort après 3 et 5.

[133] Faux. Noir 1 est une tentative maladroite qui permet à Blanc de vivre simplement avec 2 et 4.

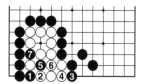

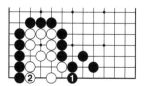

[134] Correct. Noir tue avec 1 et répond à Blanc 2 avec la séquence qui va de 3 à 7.

[134] Faux. Noir 1 ne suffit pas, parce que Blanc est sûr de vivre avec 2.

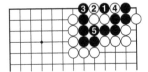

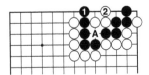

[135] Correct. Noir vit avec 1. Les points 2 et 3 sont ensuite miai. Blanc ne peut plus le tuer.

[135] Faux. Étendre en 1 ne suffit pas puisque Blanc tue avec 2. La position n'est pas un seki à cause de la faiblesse en A.

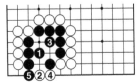

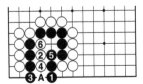

[136] Correct. Noir vit avec 1. Les points 2 et 3 sont ensuite miai. Blanc ne peut plus le tuer.

[136] Faux. Étendre vers le bord est une erreur qui permet à Blanc de tuer avec les coups 2 à 6. La forme n'est pas un seki parce que Noir doit jouer A après l'atari à l'extérieur.

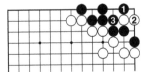

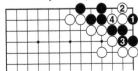

[137] Correct. Noir 1 est le tesuji qui permet de vivre. Les points 2 et 3 sont désormais miai.

[137] Faux. Noir 1 manque le point vital. Si Blanc joue 2 et Noir 3, Blanc 4 met Noir atari et le tue.

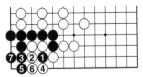

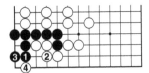

[138] Correct. Noir doit sacrifier une pierre pour faire deux yeux avec les coups 3 à 7. Noir 5 est un coup forçant, puisque Blanc doit connecter en 6.

[138] Faux. Noir 1 ne suffit pas, puisque Blanc connecte solidement ses pierres. Noir n'a dès lors plus de coup forçant à exploiter.

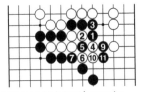

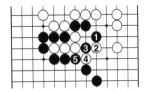

[139] Correct. Noir 1 est le premier tesuji, et le sacrifice en 5 le second. Blanc ne peut s'échapper de l'échelle.

[139] Variante. Si Blanc se défend avec 2, Noir joue au cœur de ses pierres avec 3.

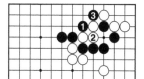

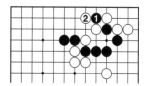

[140] Correct. L'atari 1 relie les pierres noires puisque Blanc ne peut connecter ses pierres avec 2. Noir 3 les capture en snapback.

[140] Faux. Noir 1 ne remplit pas son objectif puisque Blanc 2 permet de capturer la pierre tout en protégeant la coupe.

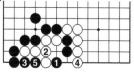

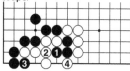

[141] Correct. Noir 1 menace de capturer les pierres blanches en snapback. Si Blanc connecte ses pierres, Noir lui prend une liberté, ce qui suffit pour remporter la course aux libertés.

[141] Faux. L'atari 1 est maladroit et ne permet pas de gagner de liberté. Noir perd la course aux libertés.

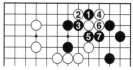

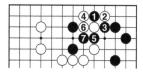

[142] Correct. Sacrifier 1 est un tesuji qui permet Noir de connecter ses pierres au terme de la séquence qui mène à 7.

[142] Variante. Si Blanc joue le hane 2 de l'autre côté, Noir joue les coups 3 à 7 qui lui permettent également de connecter ses pierres.

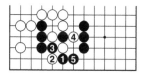

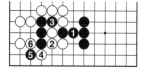

[143] Correct. Noir s'attache par le bas avec 1. Blanc ne peut pas jouer 2 parce que Noir 3 serait atari. Si Blanc capture, Noir s'étend avec 5 et est connecté.

[143] Faux. Sortir la pierre noire avec 1 est une erreur, parce que Blanc peut alors capturer le groupe noir.

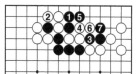

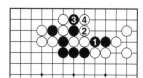

[144] Correct. Noir 1 est un tesuji qui rend 1 et 3 miai. Si Blanc capture avec 2, Noir lance l'échelle avec 3.

[144] Faux. Jouer Noir 1 dès le début de la séquence est trop précipité. Blanc s'en sort avec 2 et 4 tout en protégeant ses faiblesses.

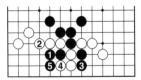

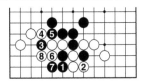

[145] Correct. Noir étend avec 1 et les coups 2 et 3 sont miai. Blanc ne peut pas défendre les deux côtés.

[145] Faux. Etendre au bord avec 1, c'est ne pas tenir compte du bon ordre de coups. Blanc peut maintenant résister à l'attaque.

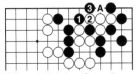

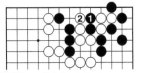

[146] Correct. Noir 1 est le tesuji qui connecte les quatre pierres au coin. Après Noir 3, Blanc ne peut pas séparer en A.

[146] Faux. Noir 1 manque d'inspiration. Blanc sacrifie ses trois pierres et capture le groupe noir.

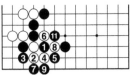

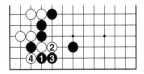

[147] Correct. L'atari 1 est le bon coup et noir 3 et 5 en sont la suite. La séquence qui mène à 11 permet à Noir de capturer Blanc (10 est joué en 1).

[147] Faux. Noir joue dans la mauvaise direction ici. Blanc s'étend en 2. Après Noir 3, Blanc contre avec 4. Si Noir préfère occuper 4, Blanc le capture en jouant 3.

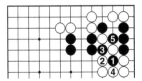

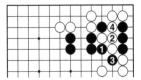

[148] Correct. Noir 1 est le tesuji à jouer. Blanc ne peut plus empêcher la connexion des pierres noires. Noir capture une pierre blanche quoi qu'il advienne.

[148] Faux. L'atari 1 n'est pas le bon coup ici, parce qu'il permet à Blanc de se connecter simplement. Noir n'obtient rien de cette manière.

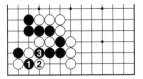

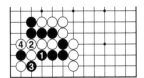

[149] Correct. Noir sacrifie une pierre pour connecter ses trois pierres. Blanc n'a plus de réponse après Blanc 2 et Noir 3.

[149] Faux. Noir 1 ne fonctionne pas. Blanc connecte en 2 et est hors de danger après 4. Les six pierres noires sont maintenant perdues.

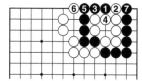

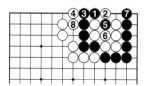

[150] Correct. Noir 1 est le tesuji à jouer. Blanc peut lancer une séquence comme celle qu'il débute avec 2 ici, mais Noir remporte la course aux libertés.

[150] Faux. Noir 1 ne remplit pas son objectif puisque Blanc bloque avec 2 et constitue un grand œil. Noir perd la course aux libertés.

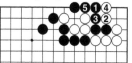

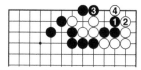

[151] Correct. Se glisser entre les pierres ennemies avec 1 est le tesuji. Si Blanc bloque en 2, Noir le met atari avec 3 –ce que Blanc ne peut pas contrer.

[151] Faux. L'atari 1 est maladroit. Noir ne peut ni connecter ses groupes ni capturer une pierre ennemie.

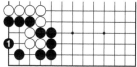

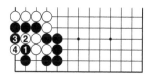

[152] Correct. Le tesuji en 1 est un coup élégant qui capture les pierres blanches. Quand la séquence de Blanc 2 à Noir 5 a été jouée, Blanc ne peut plus approcher les pierres noires.

[152] Faux. Si Noir essaye de gagner des libertés avec 1, Blanc répond 2 et Noir est à court d'options.

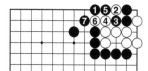

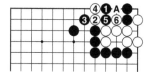

[153] Correct. Noir 1 est le tesuji qui connecte les trois pierres au groupe. La manœuvre ne retire pas de libertés aux pierres blanches.

[153] Faux. Retirer une liberté à Blanc ne mène à rien de non, Blanc contre avec 2 et capture le groupe noir.

[154] Correct. Le tesuji 1 connecte les deux pierres noires. Blanc ne peut plus les séparer, comme le montre la séquence de 2 à 7.

[154] Faux. Noir 1 n'est pas un tesuji. Blanc contre avec 2 et sépare les pierres grâce à 4 et 6. Noir ne peut plus connecter en A.

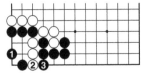

[155] Correct. Le tesuji est à nouveau de jouer en première ligne pour connecter les pierres noires. Les autres coups sont voués à l'échec.

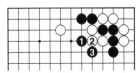

[156] Correct. Noir lance un filet autour des pierres blanches avec 1. Si Blanc joue 2, Noir répond avec 3.

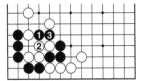

[157] Correct. Noir 1 connecte les trois pierres noires en capturant au moins deux des pierres blanches. Les points 2 et 3 sont miai.

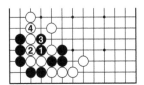

[157] Faux. Commencer par jouer l'atari 1 est maladroit. Blanc sort sa pierre avec 2 et 4. Noir ne peut plus connecter.

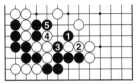

[158] Correct. Sacrifier 1 est un tesuji qui permet à Noir de relier toutes ses pierres.

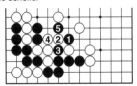

[158] Continuation. Si Blanc connecte avec 10, Noir capture les pierres dans une échelle.

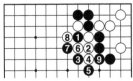

[159] Correct. Noir 1 est le tesuji à jouer. En s'appuyant sur une pierre, il en capture trois autres. Si Blanc connecte sa pierre, Noir 3 et 5 suivent.

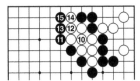

[159] Variante. Si Blanc se défend avec 2 comme ici, noir répond avec 3 et 5. Noir ne peut pas s'en sortir.

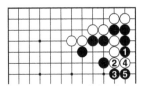

[160] Correct. Noir doit d'abord s'étendre une fois avant de capturer les pierres blanches avec 3 et 5.

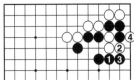

[160] Faux. Directement tenter d'encercler Blanc échoue, parce que Blanc remporte la course aux libertés avec 2 et 4.

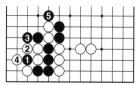

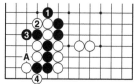

[161] Correct. Noir 1 exploite les faiblesses de Blanc et permet de lancer une échelle avec 3 et 4, sauvant ainsi les quatre pierres noires.

[161] Faux. L'atari 1 est jouable, mais Noir 3 est une erreur. Il faut jouer A pour reproduire la position correcte.

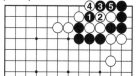

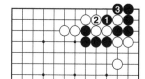

[162] Correct. Noir joue l'atari 1 et sacrifie sa pierre. Blanc souffre d'un manque de libertés après Noir 5.

[162] Faux. Noir 1 n'est pas un tesuji ici. Noir ne peut pas relier ses pierres.

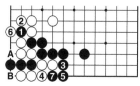

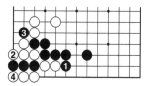

[163] Correct. Le sacrifie en 1 est le tesuji à jouer ici. Noir gagne une liberté puisque Blanc ne peut s'approcher ni en A ni en B.

[163] Faux. Si Noir omet de sacrifier une pierre, Blanc remporte la course aux libertés.

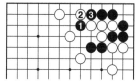

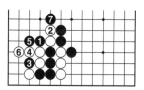

[164] Correct. Noir capture les quatre pierres blanches grâce à 1. Blanc n'a plus la moindre option.

[165] Correction. La combinaison de 1 et 3 est essentielle. Elle donne lieu à la même séquence que dans le problème 161.

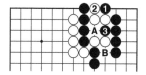

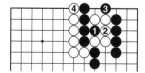

[166] Correct. Noir 1 menace de connecter les pierres. Si Blanc joue 4 en A, Noir capture avec B.

[166] Faux. Noir 1 ici lance la séquence dans le mauvais ordre. Noir perd à cause de son manque de libertés.

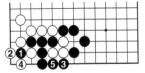

[167] Correct. Noir doit d'abord menacer de capturer la pierre. Blanc a alors besoin de plus de coups pour s'approcher et Noir remporte la course aux libertés.

[167] Variante. Si Blanc répond avec 2, Noir capture. Cet œil lui permet de remporter la course aux libertés sans problème.

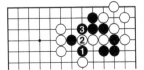

[168] Correct. La combinaison de 1 et 3 est un tesuji qui permet de connecter les pierres noires.

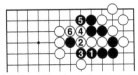

[168] Faux. Etendre en 1 est un coup faible. Blanc s'étend également et Noir perd ses quatre pierres.

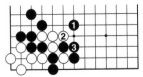

[169] Correct. Noir 1 est un tesuji. Après Blanc 2 et Noir 3, il est clair que les pierres blanches sont prises dans un filet.

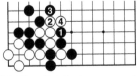

[169] Faux. Noir 1 est un coup moins sévère puisqu'il lance inutilement une échelle.

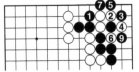

[170] Correct. Les coups 1 et 3 sont la bonne combinaison. Après Blanc 4, Noir sacrifie sa pierre. Blanc 8 est joué à la place de la pierre capturée.

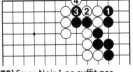

[170] Faux. Noir 1 ne suffit pas puisque Blanc s'étend et capture les pierres noires.

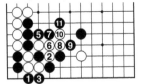

[171] Correct. Noir lance avec 1 une séquence adroite qui mène à une échelle favorable à Noir.

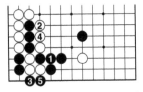

[171] Faux. Connecter en 1 ne remplit pas l'objectif. Blanc contre avec 2 et 4. Noir connecte bien ses groupes mais perd trois pierres.

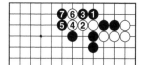

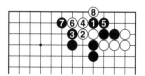

[172] Correct. Noir doit commencer avec l'atari 1 avant de s'étendre avec 3. Il s'assure de capturer les pierres avec 5 et 7.

[172] Faux. Tourner en 3 après Blanc 2 est une erreur qui permet à Blanc de remporter la course aux libertés.

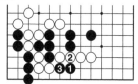

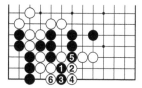

[173] Correct. Noir 1 est un tesuji qui rend les points 2 et 3 miai. Dans les deux cas, Noir capture les pierres blanches.

[173] Faux. Couper avec 1 manque d'impact. Blanc capture les pierres de coupe et Noir a désormais deux groupes.

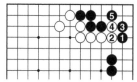

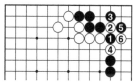

[174] Correct. Le tesuji 1 permet de connecter par le bas. Blanc ne peut plus séparer les groupes noirs. Si Blanc tente de couper en 4, Noir répond en 5.

[174] Faux. Noir 1 ne permet pas d'assurer la connexion des pierres puisque Blanc peut attaquer avec les coups 2 à 6 et traverser les lignes noires.

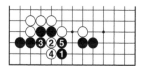

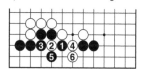

[175] Correct. Noir 1 est le tesuji qui permet de connecter. Blanc ne peut pas séparer avec 4 puisque Noir contre en 5.

[175] Faux. Noir 1 ne donne pas de bons résultats. Blanc met atari avec 2 et traverse les lignes avec 4 et 6.

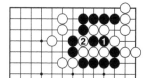

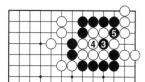

[176] Correct. Sacrifier une pierre supplémentaire avec 1 est le tesuji à jouer. Tous les autres coups permettent à Blanc de se connecter, laissant les pierres noires séparées.

[176] Suite. Après la capture de Blanc, Noir poursuit avec 3 et 5. Blanc ne peut pas protéger ses pierres à cause d'un manque de libertés.

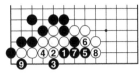

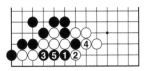

[177] Correct. Le tesuji 1 lance une longue suite de coups qui permet à Noir de capturer les pierres blanches.

[177] Variante. Blanc est plus susceptible de répondre avec l'atari 2. Noir change alors de direction et capture deux pierres.

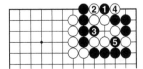

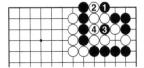

[178] Correct. La combinaison de 1 et 3 est un tesuji. Si Blanc capture avec 4, l'atari 5 s'ensuit.

[178] Faux. Sacrifier 3 ne donne pas de bons résultats. Blanc a un coup d'avance sur Noir dans la course aux libertés.

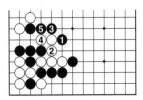

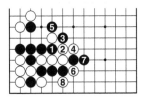

[179] Correct. Noir 1 est le tesuji à jouer. Si Blanc répond en 2, Noir capture avec 3 et 5.

[179] Faux. Couper avec 1 et 3 d'entrée de jeu n'est pas une option puisque Blanc peut contre avec 6 et 8 après Noir 5.

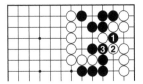

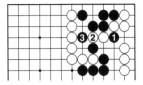

[180] Correct. Noir sacrifie une pierre avec 1, ce qui empêche Blanc de facilement connecter ses pierres.

[180] Variante. Blanc ne peut pas essayer de couper agressivement, Noir capturerait simplement ses pierres.

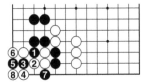

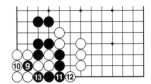

[181] Correct. Noir lance une séquence de sacrifice adroite avec 1. Quand Blanc capture avec 8…

[181] Suite. …Noir sacrifie une nouvelle pierre. Noir peut ensuite s'approcher de l'extérieur et gagner d'un coup la course aux libertés.

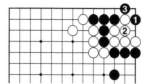

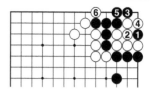

[182] Correct. Noir 1 est le bon coup. Il menace de jouer 2 pour mettre en place un snapback. Si Blanc connecte ses pierres, Noir 3 le met aussitôt atari.

[182] Faux. Les atari 1 et 3 constituent une erreur. Blanc se défend et Noir ne peut pas s'approcher pour le capturer une fois que 6 a été joué.

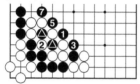

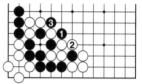

[183] Correct. Le double atari est le tesuji qu'il faut jouer. Si Blanc capture en 2, Noir joue les atari 3, 5 et 7. Blanc connecte à chaque fois mais ne peut plus s'en sortir après 7.

[183] Variante. Si Blanc répond au double atari avec 2, Noir capture avec 3 et ses pierres sont tirées d'affaire.

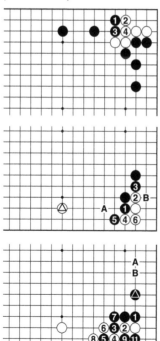

[184] Correct. Noir 1 et 3 menacent de couper en 4. Blanc doit se défendre avec 2 et 4. Le coup blanc ne vit pas encore puisqu'il n'y a qu'un œil. Blanc doit donc fuir, ce que Noir pourra exploiter lors d'attaques ultérieures.

[185] Correct. Noir bloque en 1. Après la séquence qui mène à 6, Noir a le choix entre A et B, qu'il choisira en fonction du côté qu'il désire renforcer. S'il joue A, Blanc devra vivre dans le coin ; s'il joue B, Blanc s'accolera à 5 en jouant sous A afin de se connecter à la pierre marquée.

[185] Faux. Bloquer en 1 est une erreur ici. Noir a bien un double hane dans le coin, mais la pierre marquée est trop proche du mur noir. Elle serait mieux placée en A ou B.

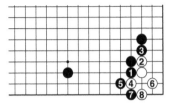

[186] Correct. Noir doit bloquer du côté où se situe son extension. Après la séquence qui mène à 7, Blanc 8 initie un ko que Noir est le premier à prendre.

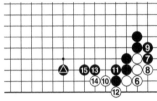

[186] Variante. Si Blanc connecte avec 6, Noir peut jouer 7 et 9. La pierre marquée empêche Blanc de s'enfuir et il ne peut vivre ni dans le coin ni sur le bord.

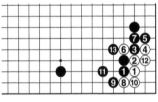

[187] Correct. Noir bloque à nouveau du côté où se situe sa large extension. S'ensuit un joseki standard. Après 12, Blanc vit dans le coin. Noir perd la main mais établit une force formidable.

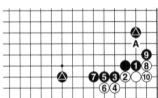

[187] Faux. Si Noir bloque de ce côté, Blanc pousse avec 2 et 4 et fit tout aussi facilement. Les pierres marquées sont mal positionnées. Celle de droite figurerait mieux en A et celle de gauche perd de sa valeur puisqu'elle n'est plus l'extension idéale de la force noire.

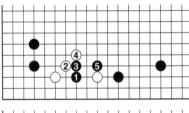

[188] Correct. Noir 1 est le point vital de cette position. Quoi que Blanc réponde, Noir s'en sortira. La séquence jusqu'à 5 n'est qu'une des variantes possibles.

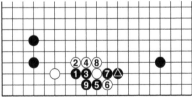

[188] Variante. Si Blanc s'attache avec 2, Noir peut simplement se connecter à la pierre marquée.

[189] Correct. Noir 1 est une invasion efficace. C'est également la plus simple manière de jouer dans cette position. Envahir un point plus haut en A est également possible, mais plus compliqué.

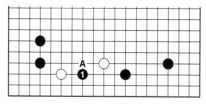

[190] Correct. L'invasion en quatrième ligne est bonne parce qu'il est difficile pour Blanc de trouver une réponse adaptée. Noir peut également envahir en A s'il souhaite se connecter à ses pierres, mais Blanc aura moins de mal à répondre.

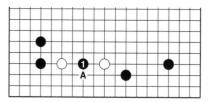

[191] Correct. Sauter en 1 est une réponse simple et solide.

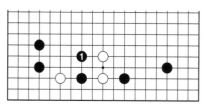

[192] Correct. Noir doit simplement répondre à l'approche diagonale avec 1. Blanc doit ajouter un coup pour capturer la pierre, et Noir pourra encore jouer le point A plus tard malgré 2.

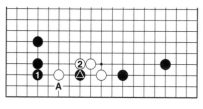

[193] Correct. Le hane en 1 est la bonne réponse pour Noir. La séquence qui figure sur le diagramme est la réponse normale à ce coup. Après Blanc 8 et Noir 9, Blanc aurait intérêt à consolider sa forme avec A.

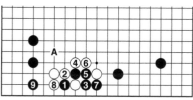

[193] Correct 2. Jouer le hane de l'autre côté est également possible. Blanc peut ensuite vivre dans le coin. Il doit encore renforcer sa forme avec A. Comme B est également un coup forçant pour Noir, le résultat est satisfaisant.

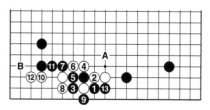

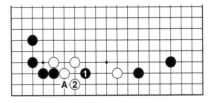

[194] Correct. Noir 1 est le point vital puisqu'il menace de connecter grâce à A. Blanc doit protéger avec 2.

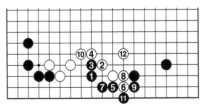

[194] Faux. L'invasion en 1 est également solide, mails elle donne à Blanc une force très solide vers le milieu.

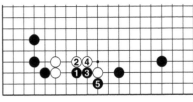

[195] Correct. Noir a intérêt à envahir en 1. Si Blanc s'attache avec 2, Noir se connecte aux pierres de droite avec 3 et 5.

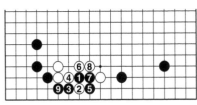

[195] Variante. Si Blanc s'attache par le bas, Noir peut jouer la séquence qui mène à 9. Si Blanc coupe avec 8 au lieu de 9, Noir répond lui-même avec 9. Les deux variantes sont satisfaisantes.

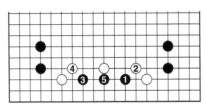

[196] Correct. Comme la position est symétrique, Noir peut envahir en 1 ou en 3.Si Blanc répond respectivement avec 2 ou 4. Noir s'établit une base de vie en prenant le point opposé puis en jouant 5.

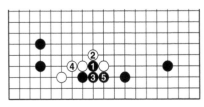

[197] Correct. Ce coup permet à Noir de s'imposer au milieu des pierres blanches. Après 5, il a subtilisé sa base à Blanc.

[197] Variante. Si Blanc répond avec l'atari 2, Noir s'étend en 3. Blanc connecte alors ses pierres, mais Noir est désormais fort à l'extérieur.

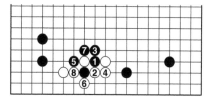

[198] Correct. Correct. Les coups 1 à 5 sont la variante la plus simple sur cette position. Blanc est séparé en deux groupes que Noir pourra attaquer plus tard dans la partie.

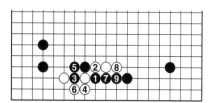

[198] Variante. Sortir avec 3 après Blanc 2 peut mener à des variantes compliquées. Après l'atari 8, Blanc peut jouer un beau coup, 10. Si Noir connecte en A, Blanc peut alors faire une bonne forme avec B.

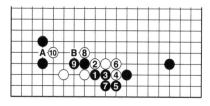

[199] Correct. Noir devrait jouer le hane 1. La séquence jusqu'à 7 s'ensuit. Noir menace encore de jouer A.

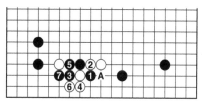

[199] Variante. Si Blanc répond à 3 avec 4, Noir capture avec 5. Quand Noir protège l'atari avec 7, il vise les points A et B.

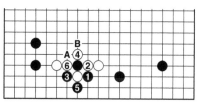

[200] Correct. Il y a deux bonnes réponses ici : 1 et A. Noir 1 cherche à constituer de la force sur l'extérieur alors que A vise une connexion sur la deuxième ligne.

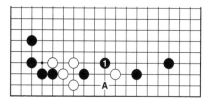

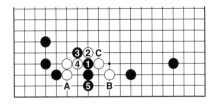

[201] Correct. Noir s'étend avec 1 et coupe avec 3. Noir 5 menace de connecter en A ou en B. Il est possible de jouer la coupe en C au lieu de 5.

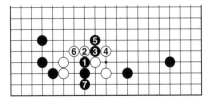

[201] Variante. Noir peut aussi couper en 3. Après Blanc 4 et 6, Noir s'étend à nouveau en 7.

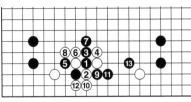

[202] Correct. Noir se glisse en 1. C'est le coup le plus efficace ici. Si Blanc fait l'atari 2 par en haut, Noir vit avec les coups 3 à 9 avant d'assurer son coin avec 11. Blanc gagne de l'influence sur le milieu mais a des points de coupe.

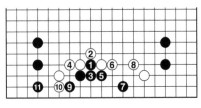

[202] Variante. Si Blanc joue l'atari du bas, une longue séquence s'ensuit. Blanc doit déjouer l'échelle noire avec 8. Noir impose alors les coups 9 et 11 et obtient avec 13 un bon résultat.

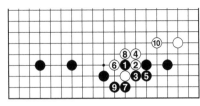

[203] Correct. Noir s'attache avec 1 et la séquence qui mène à 9 lui assure le bord. Blanc assure ensuite la connexion de ses pierres avec 10.

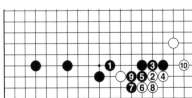

[203] Faux. L'approche diagonale n'est pas indiquée. Blanc 2 force Noir à connecter ses pierres et la séquence jusqu'à 10 permet à Blanc de s'approprier le coin. Blanc 10 est un tesuji qui permet une connexion sûre (voir problème 174).

[204] Correct. Noir occupe le point vital avec 1. Blanc saute en 2 et Noir peut encore connecter ses pierres du coin s'il joue en A.

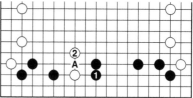

[204] Faux. Si Noir joue 1 pour renforcer son coin, Blanc s'attache en 2 et s'installe dans le bord. Le combat qui s'ensuit est bon pour Blanc.

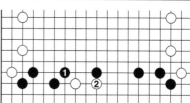

[205] Correct. Noir s'attache avec 1 pour connecter ses pierres et construire de la force. Après Blanc 2, Noir connecte en 3 et Blanc doit vivre petit dans le bord.

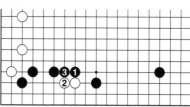

[205] Faux. Sauter en 1 peut être adapté dans certaines situations, mais ce coup permet à Blanc de simplement sauter en 2 et de séparer les groupes noirs. Jouer en A au lieu de 1 est trop défensif.

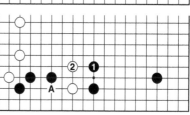

[206] Correct. Noir joue ici le coup en diagonale 1. La séquence jusqu'à 15 permet à Blanc de vivre, mais Noir conforte son coin et reçoit de la force vers l'extérieur.

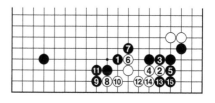

[206] Variante. Blanc peut également pousser une fois avec 4. Blanc vit avec quelques points de plus mais perd la main puisqu'il doit revenir jouer en 16.

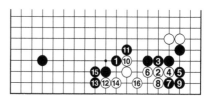

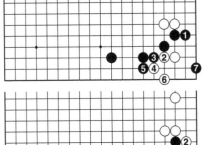

[207] Correct. Après l'invasion au point 3-3 de Blanc, Noir doit descendre en 1. Blanc n'a pas deux yeux dans le coin. Son invasion n'était pas légitime.

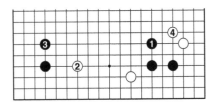

[207] Faux. Céder et jouer 1 autorise Blanc à s'approprier le coin. Après Noir 5, Blanc menace toujours de jouer A ou B.

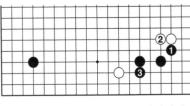

[208] Correct. Noir 1 est un coup actif. Si Blanc s'étend avec 2, Noir renforce son coin avec 3. Blanc joue ensuite 4 s'il désire aider sa pierre à droite.

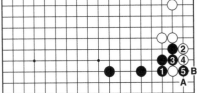

[208] Faux. Noir 1 et 3 sont des coups passifs, ce qui n'est pas bon. Blanc garde l'initiative.

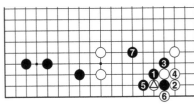

[209] Correct. Noir et Blanc se coupent mutuellement. Après Blanc 2, Noir joue les atari 3 et 5 avant de constituer une forme légère avec 7.

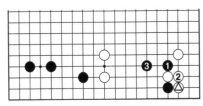

[210] Correct. Après le hane Blanc à l'intérieur, les coups 1 et 3 constituent la bonne réponse de Noir pour faire une forme légère au sein de la zone d'influence adverse.

[211] Correct. Quand Blanc recule dans le coin, Noir peut poursuivre avec un coup léger en 1. Après 2, il s'attache en 3 et a un miai entre connecter ses groupes et vivre dans le moyo blanc.

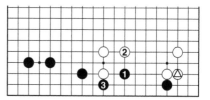

[212] Correct. Si Noir s'étire vers l'extérieur, Noir peut vivre dans le coin avec la séquence jusqu'à 5.

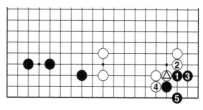

[213] Correct. Noir recule et sacrifie la pierre marquée. Noir a beaucoup de coups forçants étant donné que Blanc doit capturer la pierre. La force qu'il gagne lui permet de neutraliser l'influence blanche.

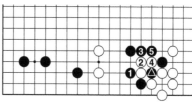

[214] Correct. Noir peut jouer A, B ou C en fonction du côté qu'il souhaite développer.

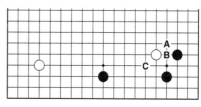

[215] Correct. Noir doit activement prendre l'initiative en jouant 1. Si Blanc décide de vivre dans le coin, Noir gagne de l'influence au milieu.

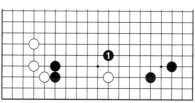

[215] Faux. S'assurer une base de vie avec 1 est une réponse passive. Noir est surconcentré et offre à Blanc le coup en 2.

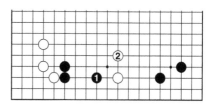

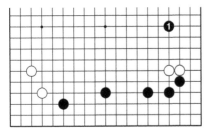

[216] Correct. Noir 1 pince les pierres blanches – une stratégie dynamique.

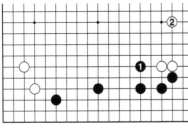

[216] Faux. Blanc peut trop facilement prendre une bonne extension après Noir 1.

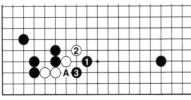

[217] Correct. Noir doit attaquer avec 1 pour menacer la forme de Blanc. Noir 3 vise la coupe en A. Blanc n'a pas d'yeux et doit fuir.

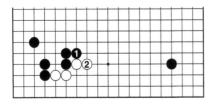

[217] Faux. Noir 1 est maladroit et force Blanc à jouer un bon coup. Il est maintenant difficile d'attaquer les pierres blanches.

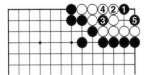

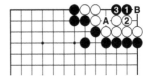

[218] Correct. Noir obtient un seki grâce à cette séquence. Aucun des joueurs n'a de points dans une position seki, Noir a donc pris six points à Blanc puisque Blanc aurait six points s'il jouait un coup pour protéger sa positon.

[218] Variante. Le coup 2 de Blanc aggrave sa situation. S'il connecte en A après Noir 3, il est mort (on désigne cette position sous le nom de « bent four »). Si Blanc joue B, il risque un ko qui met tout son coin en jeu.

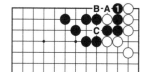

[219] Correct. Noir s'assure cinq points et perd la main : A, B, C et les deux points que vaut la pierre blanche capturée.

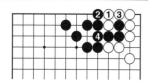

[219] Comparaison. Dans le cas de figure où Noir ne joue pas cette séquence, Blanc s'étire en 1 puis connecte ses pierres et empêche Noir d'avoir ces cinq points.

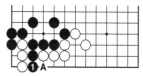

[220] Noir s'assure huit point. Comme il encore jouer en A, on évalue la valeur du coup à 10,5 points.

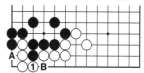

[220] Comparaison. Si Blanc connecte avec 1, Blanc A permet d'assurer encore deux points. Comme le coup de Noir dans la solution permet de l'empêcher, on compte ces points dans le gain qu'il fait.

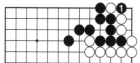

[221] Noir 1 vaut quatre points parce qu'il empêche Blanc de faire des points dans le coin en plus de capturer une pierre.

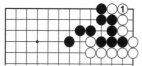

[221] Comparaison. Blanc s'assure un territoire de trois points et empêche la capture de sa pierre avec 1.

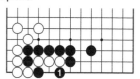

[222] Noir 1 capture trois pierres dans un snapback et fait un total de neuf points.

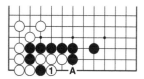

[222] Après 1, Blanc ne peut plus jouer en A comme il le pouvait avant, ce point devient donc le privilège de Noir.

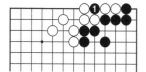

[223] Noir 1 fait deux points en empêchant Blanc de sauver ses pierres. Comme sa pierre est en atari, d'autres séquences de yose suivront.

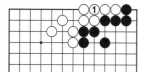

[223] Comparaison. Blanc 1 sauve deux pierres, empêchant Noir de faire deux points.

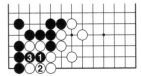

[224] Noir 1 capture deux pierres, fait deux points de territoire et empêche Blanc de faire deux points. Le coup a une valeur de six points.

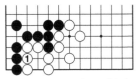

[224] Comparaison. Blanc 1 fait deux points de territoire et empêche Noir de capturer les pierres.

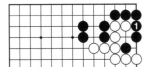

[225] Noir 1 vaut six points parce qu'il empêche Blanc de capturer deux pierres et de faire quatre points de territoire.

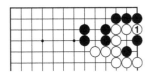

[225] Comparaison. Blanc capture deux pierres avec 1 et assure quatre points.

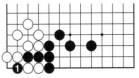

[226] Noir 1 capture deux pierres et empêche Blanc de faire un point. Le coup vaut donc trois points.

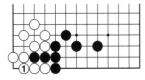

[226] Comparaison. Si Blanc connecte, ces trois points sont donc les siens.

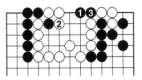

[227] Correct. Noir 1 est le coup à jouer. Si Blanc joue 2, Noir capture trois pierres avec 3. SI Blanc connecte plutôt en 3, Noir joue 2 lui-même et capture les deux pierres.

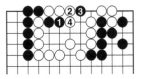

[227] Faux. L'ordre des coups n'est pas le bon. Si Noir joue d'abord 1, il n'obtiendra rien.

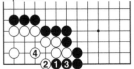

[228] Correct. Noir 1 et 3 sont des coups forçants qui réduisent le territoire blanc.

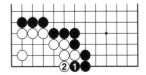

[228] Faux. Noir 1 réduit aussi le territoire, mais il laisse à Blanc deux points de plus que nécessaire.

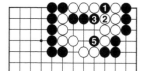

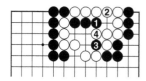

[229] Correct. Noir sacrifie une pierre et est ainsi sûr de capturer au moins deux pierres.

[229] Faux. Noir 1 n'exploite pas les faiblesses de la forme.

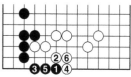

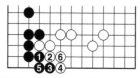

[230] Correct. Noir 1, la grande glissade du singe, réduit le territoire blanc sur le bord. Les coups 2 à 6 sont une séquence standard.

[230] Faux. Les coups 1 à 5 sont aussi une séquence standard, mais elle n'est pas aussi efficace que la grande glissade du singe ici.

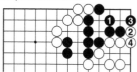

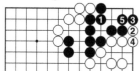

[231] Correct. Noir 1 protège les faiblesses et empêche en même temps Blanc de jouer son yose en gardant la main puisqu'il ne doit pas protéger sa pierre après Blanc 4.

[231] Faux. Si Noir connecte fermement avec 1, Blanc force Noir à ajouter un coup après quatre. Noir perd donc un point.

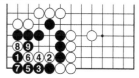

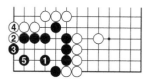

[232] Correct. Noir 1 protège la coupe et empêche Noir de jouer un coup de yose en gardant la main. Blanc ne peut capturer aucune pierre.

[232] Faux. Noir 1 protège bien la coupe, mais Blanc joue à gauche et garde la main.

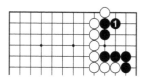

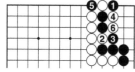

[233] Correct. Noir doit reculer et jouer 1.

[233] Faux. Noir tombe dans le piège s'il bloque avec 1. Blanc pousse avec 2 et coupe en 4. Noir n'a aucune réponse à Blanc 6.

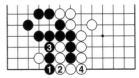

[234] Correct. Noir est un tesuji de yose qui empêche la connexion de la pierre blanche et permet à Noir de s'approprier le coin.

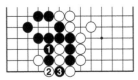

[234] Faux. Après Noir 1, Blanc se connecte au bord. Quand Noir joue 3, Blanc capture simplement sa pierre.

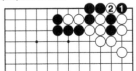

[235] Correct. Noir 1 est le bon coup de yose. Après Blanc 2, Noir recapture simplement. Blanc ne peut plus capturer les pierres noires.

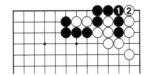

[235] Faux. Noir 1 protège l'atari, mais Blanc capture les six pierres noires.

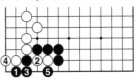

[236] Correct. Noir 1 est un gros coup de yose. Blanc ne peut plus s'approcher après Noir 3.

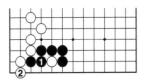

[236] Faux. Protéger en 1 est trop passif et permet à Blanc d'avoir trois points de plus dans le coin.

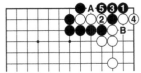

[237] Correct. Noir 1 est un joli tesuji de yose. Noir et Blanc devront plus tard connecter respectivement en A et B.

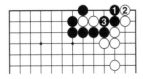

[237] Faux. Noir 1 renonce à des points importants.

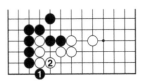

[238] Correct. Noir 1 est le meilleur coup. Noir prend l'initiative avec Blanc 2.

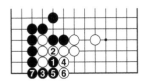

[238] Faux. Noir 1 est maladroit. Noir perd la main dans cette séquence.

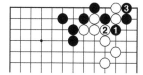

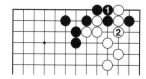

[239] Correct. Noir 1 capture les deux pierres blanches dans un snapback.

[239] Faux. Noir 1 est trop généreux. Blanc s'assure maintenant un gros coin avec 2.

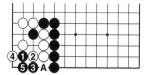

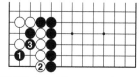

[240] Correct. Noir 1 est un tesuji de yose. Blanc 2 et 4 constituent la meilleure réponse puisque Blanc ne peut pas couper en A.

[240] Variante. Blanc ne peut pas couper en 2, Noir capturerait ses quatre pierres.

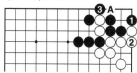

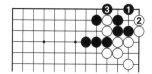

[241] Correct. Noir 1 bloque. Après Blanc 2, il faut encore protéger le groupe avec 3. Si Blanc répond en A au lieu de 2, Noir capture en 2.

[241] Faux. Noir 1 est maladroit puisque Blanc peut lui soustraire son coin.

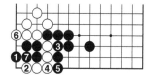

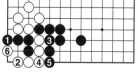

[242] Correct. Noir 1 est le meilleur coup. Blanc ne peut pas capturer le coin.

[242] Faux. Noir 1 est une exagéré puisque Blanc peut maintenant capturer les pierres noires avec les coups 2 à 6.

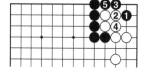

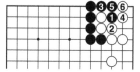

[243] Correct. Noir 1 occupe le point faible de la position et soustrait à Blanc son territoire dans le coin. Si Blanc coupait en 5, Noir capturerait trois pierres en occupant 4.

[243] Faux. Noir 1 est maladroit puisque Blanc peut récupérer une partie de son coin en gardant la main.

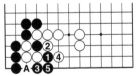

[244] Correct. Noir 1 est le plus gros coup de yose. Blanc ne peut pas séparer en A .Si Blanc répond 3 au lieu de 2, Noir capture quatre pierres en jouant 2.

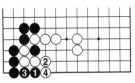

[244] Faux. Noir 1 semble être un tesuji mais le coup ne rapporte pas autant de points que la bonne réponse.

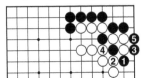

[245] Correct. Noir 1 est un gros coup. Blanc ne peut pas séparer et doit reculer avec 2 et 4.

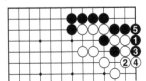

[245] Faux. Noir 1 est maladroit puisque Blanc défend avec 2 et 4.

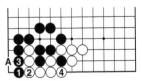

[246] Correct. Noir 1 est le bon coup de yose. Si Blanc répond en 3, Noir le met en atari avec A et Blanc ne peut pas connecter ses pierres.

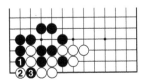

[246] Faux. Blanc répond en 2 et recapture la pierre 3 quand elle a été jouée. Noir perd des points par rapport à la bonne réponse.

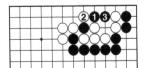

[247] Correct. Noir 1 et 3 sont des coups qui exploitent les faiblesses de la position blanche.

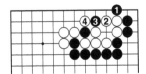

[247] Faux. Le hane 1 n'est pas bon ici puisque Blanc peut simplement le parer avec 2.

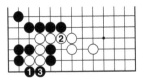

[248] Correct. Le hane 1 est le meilleur coup parce que Blanc ne peut pas bloquer en 3. Si Blanc connecte avec 2, Noir relie ses pierres.

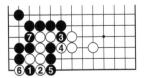

[248] Variante. Blanc bloque ici en 2. Noir poursuit avec les coups 3 à 7 et capture six pierres.

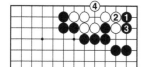

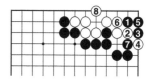

[249] Correct. Noir 1 est le tesuji approprié. Blanc doit vivre avec 4 quand Noir a joué 3.

[249] Variante. Blanc peut essayer de résister avec 2, mais doit toujours relier ses pierres après Noir 3.

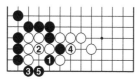

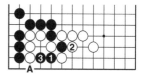

[250] Correct. L'atari 1 est le bon coup puisqu'il permet à Noir de récupérer quelques points.

[250] Variante. Si Blanc capture avec 2, Noir poursuit avec 3. S'étendre en A n'est pas très attirant pour Blanc puisque Noir lancerait un ko.

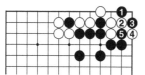

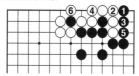

[251] Correct. Noir 1 est le meilleur coup. Si Blanc refuse de céder, Noir lance un ko dans lequel il ne peut pas perdre grand-chose avec la séquence de 2 à 5.

[251] Variante. Il vaut donc mieux pour Blanc de céder et de laisser Noir faire des points en gardant la main avec la séquence jusqu'à 6.

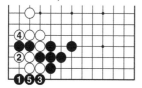

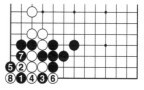

[252] Correct. Noir 1 est le bon coup. Blanc doit lui céder le coin et jouer 2 et 4.

[252] Variante. Si Blanc essaye de résister, la séquence jusqu'à 8 donne lieu à un gros ko qui met le coin en jeu.

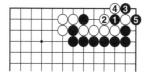

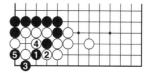

[253] Correct. Les coups 1 à 5 initient un ko dans le coin. Blanc a plus à perdre que Noir.

[254] Correct. Noir lance un ko qui ne lui coûte pas grand-chose avec la séquence de 1 à 5.

Glossaire

Atari

Une pierre ou un groupe de pierres avec une seule liberté. Au prochain coup, il est possible de les capturer.

Hane

Zug, der um gegnerische Steine umbiegt.

Joseki

Lokale Zugabfolge, die beiden Seiten ein lokal ausgeglichenes Ergebnis liefert.

Ko

Une position dans laquelle la prise en retour d'une pierre isolée est possible. La règle de Ko interdit de reprendre immédiatement le Ko.

Miai

Deux possibilités de coups de même valeur.

Seki

C'est une situation ou deux groupes de pierres sont vivants sans avoir deux yeux.

Semeai

Course de capture entre deux groupes.

Tesuji

Une technique ou un coup qui constitue dans une situation locale la meilleure option.

PLATEAU ET PIERRES

Rendez-nous visite sur notre site internet:
www.plateauetpierres.fr

À Noir de Jouer. Le Livre D'Exercices de GO.
Gunnar Dickfeld

> 30 Kyu - 25 Kyu, ISBN 978-3-940563-51-4
>
> 25 Kyu - 20 Kyu, ISBN 978-3-940563-53-8
>
> 20 Kyu - 15 Kyu, ISBN 978-3-940563-55-2

Plus de livres dans Plateau et Pierres (en Anglais):

The Elephant in the Paddy. Tsumego in Pictures
Izumi Hase, ISBN 978-3-940563-71-2

> *How do you catch an elephant? Can a question mark live? What is the relation between Go and music? And have you ever played Go in a paddy field?*
>
> *In this book you will experience Go problems from a very different angle. The creative and amusing pictures composed of black and white stones involve amazing life-and-Mort exercises. Their degree of difficulty reaches from very easy to highly advanced – for beginners and Dan-players, for children and adults.*
>
> *This book is dedicated to all those friends of Go who are bored by dry exercises and endless reading. Get inspired by tsumego!*